최근 바울과 율법 연구 동향

베로니카 코페르스키 지음
| 김병모 옮김

기독교문서선교회

기독교문서선교회(Christian Literature Crusade: 약칭 CLC)는
1941년 영국 콜체스터에서 켄 아담스에 의해 시작되었으며
국제 본부는 영국의 쉐필드에 있습니다.
현재 약 650여명의 선교사들이 59개 나라에서 180개의 본부를 두고,
이동도서차량 40대를 이용하여 문서 보급에 힘쓰고 있으며
이메일 주문을 통해 130여국으로 책을 공급하고 있습니다.
CLC는 청교도적 복음주의 신학과 신앙을 선포하는
국제적, 초교파적, 비영리 문서선교기관으로서, 하나님의 뜻에 합당한 책을 만들고
이 책을 통해 단 한 영혼이라도 구원되길 소망하며
이를 위해 주님이 오시는 그날까지 최선을 다할 것입니다.

What are they saying about Paul and the Law?

by
Veronica Koperski

translated by
Byung-Mo Kim

Copyright © 2001 by Veronica Koperski
Originally published by Paulist Press
as *What Are They Saying About Paul and the Law?* by Veronica Koperski
Translated by permission of Paulist Press
997 Macarthur Boulevard Mahwah, N. J. 07430, U.S.A.

All rights reserved.

Korean Edition
Copyright © 2008 by Christian Literature Crusade
Seoul, Korea

역자서문

   21세기인 오늘날에도 바울은 여전히 기독교의 신앙과 신학의 한복판에 서 있다. 기독론, 구원론, 교회론, 종말론 등의 커다란 주제에서 뿐만 아니라 코페르스키의 이 책의 주제와 관련이 깊은 믿음과 행위, 예수 그리스도와 율법, 신약과 구약, 기독교와 유대교 등의 구체적인 주제에서도 우리는 여전히 바울을 통해서 많은 것을 배울 수 있고 또 배워야 한다. 그런데 문제가 있다. 바울과 그의 편지를 이해하는 것이 결코 쉽지 않다는 것이다. 지금까지 바울과 그의 편지를 다룬 논문과 책이 수없이 쏟아져 나왔고 또 지금도 계속 쏟아져 나오고 있다. 그들의 주장이 비슷하거나 같으면 좋겠지만, 현실은 전혀 그렇지 않다. 너무나도 다양하고 상이한 주장이 제기돼서, 바울을 처음 공부하는 사람은 물론 웬만큼 공부한 사람조차도 '내가 지금 읽고 있는 이 글의 주장이 바울에 대한 전체 논의에서 과연 어디쯤에 위치해 있는지?' 제대로 파악하기가 어려운 상황이다.

   코페르스키의 이 책은 이런 어려움에 직면해 있는 우리에게 아주 큰 도움이 된다. 바울과 율법이라는 주제를 비중 있게 다루는 주요 학자의 견해를 개괄하면서, 그들의 견해를 설명 및 평가하고 "무엇이 율법이 갖고 있는 문제인가?"(What is wrong with the Law?)를 기준으로 세 그룹으로 분류하는 이 책은 바울을 공부하는 데에 지도 또는 네비게이션과 같은 역할을 해 준다. 즉 지금 내가 읽고 있는 이 글의 주장이 바울에 대한 전체 논의에서 어디쯤에 위치해 있는지를, 그 주위에는 어떤 주장이 있는지를, 산이 있는지 강이 있는지 평야가 있는지를 파악할 수 있게 해 준다. 그래서 독자로 하여금 미로에서 길을 잃지 않고 바울 이해라는 목표를 향해 앞으로 나아갈 수 있도록 도와준다. 그뿐만 아니라 이 책의 마지막 장에서는 '바울신학의 중심은 무엇인가?'라는 문제를 다루면서 이신칭의를 뛰어넘어 그리스도 중심적 구원론(christocentric soteriology)을 바울신학의 새로운 중심으로 제안하기도 한다. 아무쪼록 이 책이 바울을 공부하는 신학생과 목회자에게 큰 도움이 되기를 기대한다.

2009년 1월 10일

김 병 모 識

약어표

AB	Anchor Bible
ALGHJ	Arbeiten zur Literatur und Geschichte des Hellenistischen Judentums
AnBib	Analecta Biblica
BA:OSA	Bibliothēque Augustinienne: Oeuvres de Saint Augustin
BETL	Bibliotheca Ephemeridum Theologicarum Lovaniensium
Bib	*Biblica*
BBR	*Bulletin for Biblical Research*
BJRL	*Bulletin of the John Rylands University Library of Manchester*
BJS	Brown Judaic Studies
BNTC	Black's New Testament Commentaries
BSac	*Bibliotheca Sacra*
BTB	*Biblical Theology Bulletin*
CBET	Contributions to Biblical Exegesis and Theology
CBQ	*The Catholic Biblical Quarterly*
CNT	Commentaire du Nouveau Testament
CRINT	Compendia rerum iudaicarum ad Novum

	Testmentum
CSEL	Corpus scriptorum ecclesiasticorum latinorum
DicPaul	*Dictionary of Paul and His Letters*, Gerald F. Hawthorne, Ralph P. Martin, and Daniel G. Reid, eds. Downers Grove, III./Leicester, U. K.: InterVarsity Press, 1993
EKKNT	Evangelisch-katholischer Kommentar zum Neuen Testament
ET	English translation
EvTh	Evangelische Theologie
FRLANT	Forschungen zur Religion und Literatur des Alten und Neuen Testaments
HNT	Handbuch zum Neuen Testament
HTKNT	Herders theologischer Kommentar zum Neuen Testament
HTR	*Harvard Theological Review*
IDBSup	*The Interpreter's Dictionary of the Bible: Supplementary Volume*, K. Crim, ed. Nashville, Tenn.: Abingdon, 1976
Int	*Interpretation*
JBL	*Journal of Biblical Literature*
JSNT	*Journal for the Study of the New Testament*
JSNTSup	Journal for the Study of the New Testament-Supplement Series
JTS	*Journal of Theological Studies*
LD	Lectio divina
LS	*Louvain Studies*
LTPM	Louvain Theological and Pastoral Monographs
LXX	*Septuagint*

NCBC	The New Century Bible Commentary
NICNT	New International Commentary on the New Testament
NIGTC	The New International Greek Testament Commentary
NJBC	*The New Jerome Bible Commentary*
NovT	*Novum Teatamentum*
NovTSup	Novum Testamentum, Supplements
NPNF	A Select Library of the Nicene and Post-Nicene Fathers of the Christian Church, First Series
NTD	Das Neue Testament Deutsch
NTG	Neue Theologische Grundrisse
NTS	*New Testament Studies*
PNTC	The Pelican New Testament Commentaries
PerspRelStud	*Perspectives in Religious Studies*
PL	J. Migne, Patrologia latina
QD	*Questiones Disputatae*
QL	*Questions liturgiques*
RAug	*Recherches Augustiniennes*
RB	Recherches biblique
RB	*Revue biblique*
RelSRev	*Religious Studies Review*
relstudNews	*religiousstudiesNews*
RNT	Regensburger Neues Testament
SAAHEO	Sancti Aurelii Augustini Hipponensis Episcopi Operum, Maurist ed., 10 vols. +indices. Paris: Franciscus Muguet, 1683-1700
SBLDS	Society of Biblical Literature Dissertation Series
SBLSCS	Society of Biblical Literature Septuagint and

	Cognate Studies
SBM	Stuttgarter biblische Monographien
SCJ	Studies in Christianity and Judaism
SewTheolRev	*Sewanee Theological Review*
SJT	*Scottish Journal of Theology*
SNTSMS	Society for New Testament Studies Monograph Series
SUNT	Studien zur Umwelt des Neuen Testaments
TDNT	*Theological Dictionary of the New Testament*, 10 vols., Geoffrey W. Bromiley, ed. & trans. (Grand Rapids, Mich./London: Eerdmans, 1964-76)
THKNT	Theologischer Handkommentar zum Neuen Testament
TWNT	*Theologisches Wörterbuch zum Neuen Testament*, 10 vols., Gerhard Kittel, ed. (Stuttgart: W. Kohlhammer, 1933-79)
WBC	Word Biblical Commentary
WEC	Wycliffe Exegetical Commentary
WTJ	*Westminster Theological Journal*
WUNT	Wissenschaftliche Untersuchungen zum Neuen Testament
ZNW	*Zeitschrift für die neutestamentliche Wissenschaft und die Kunde des Urchristentums*
ZTK	*Zeitschrift für Theologie und Kirche*

차례

Contents

역자서문 _ 5

약어표 _ 7

머리말 _ 12

제1장 율법은 자랑하려는 태도를 조장한다 _ 19

제2장 율법은 그리스도가 아니다 _ 37

제3장 율법은 제한적이다 _ 63

제4장 루터/불트만의 부활(redivivus)? _ 79

제5장 지평의 확장 _ 101

제6장 새로운 중심?(The New Center?) _ 139

맺음말 _ 155

참고도서 _ 159

머리말

"… 율법은 거룩하다. 계명도 거룩하고 의롭고 선하다…율법은 영적이다…"(롬 7:12, 14).

"… 율법의 행위를 의지하는 자는 다 저주 아래에 있다…"(갈 3:10).

"… 율법에서 난, 내 자신의 의가 아니다. 그리스도를 믿는 믿음을 통한, 믿음에 근거하여 하나님으로부터 난 의이다…"(빌 3:9).

플레브닉(Joseph Plevnik)은 1986년에 『최근바울신학동향』(*What Are They Saying About Paul?*)에서 이신칭의(justification by faith)의 주제도 다루었는데,[1] 이 주제와 우리의 바울과 율법이라는 주제는 도저히 뗄 수 없는 밀접한 관계에 있다. 그 때 이후로 바울의 칭의와 율법을 다루는 글이 계속 쏟아져 나오고 있다. 따라서 이 책은 플레브닉의 책을 보완하는 의미를 갖는다. 우리는 최근의 논의를 가능한 한 역사적인 뿌리와 연관지음으로써 최근의 논의를 그 전후 상황 속에서 살펴보려고 한다. 모든 논의를 다 다룰 수는 없었지만, 주요 주제를 비중 있게 다룬 학자를 다 언급하려고 노력했다.

20세기 초에 브레데(William Wrede)는 바울에게 있어서 율법은 사람이 그것으로부터 구원받아야 하는 적대적인 세력이고, 바울은 그러

---

1) Joseph Plevnik, *What Are They Saying About Paul?* (New York/Mahwah, N. J.: Paulist, 1986), pp. 55-76.

한 율법을 철저하게 거부하고, 따라서 바울은 예수님과는 다른 율법 관을 갖고 있다고 주장했다.[2] 하지만 근래에는 이런 편파적인 해석에 대해서 강한 의문이 제기되고 있다. 앞에서 인용한 것과 같은 바울의 성구들은 그의 율법 이해를 파악하려고 시도하는 것이 결코 쉬운 일이 아니라는 것을 잘 보여준다. 바울과 율법이라는 주제와 관련하여 학자들의 동의가 이루어진 것은 아마도 이것뿐일 것이다. 지금의 상황은 20세기의 마지막 분기 동안에 이 주제와 관련해서 일어난 중요한 변화를 반영하고 있다. 이 변화의 주요 촉매제는 샌더스(E. P. Sanders)의 저작이다. 그 중에서 『바울과 팔레스타인 유대교』(Paul and Palestinian Judaism)가 가장 유명하다.[3]

샌더스는 바울이 그 당시 유대교의 행위-의(works-righteousness)개념에 맞서 싸웠다는 주장에 이의를 제기했다. 던(J. D. G. Dunn)은 1983년 논문에서 이 샌더스의 견해를 "바울에 대한 새로운 관점"(The New Perspective on Paul)이라고 명명했다.[4] 하지만 해그너(Donald A. Hagner)[5]와 코스그로브(C. H. Cosgrove)도 지적한 것처럼, "새로운 관점"의 적지 않은 견해는 이미 이전의 학자도 주장했던 것이었다. 코스그로브는 특히 웨스트(N. West)와 게벨라인(A. C. Gaebelein)과 같은 세대주의 학자가 이런 견해를 보여주고 있다고 주장한다.[6]

바울과 율법에 관한 현재의 논의의 역사적인 뿌리는 종교개혁이다. 루터(Martin Luther)는 자기의 행위의 공로에 의지하는 가톨릭의 교

---

2) William Wrede, *Paul* (Lexington, Ky.: American Library Association Committee on Reprinting, 1962[1908]).

3) E. P. Sanders, "Patterns of Religion in Paul and Rabbinic Judaism: A Holistic Method of Comparison," *HTR* 66 (1973): 455-78; *Paul and Palestinian Judaism: A Comparison of Patterns of Religion* (London/Philadelphia, Pa.: SCM/Fortress, 1977); *Paul, the Law and the Jewish People*(Philadelphia, Pa./London: Fortress/SCM, 1983/1985).

4) James D. G. Dunn, "The New Perspective on Paul," *BJRL* 65 (1983): 94-122.

5) Donald A. Hagner, "Paul and Judaism: The Jewish Matrix of Early Christianity: Issues in the Current Debate," *BBR* 3 (1993): 111-30.

6) C. H. Cosgrove, "The Church with and for Israel: History of a Theological Novum before and after Barth," *PerspRelStud* 22 (1995): 259-78.

훈을 반대했다. 그는 이신칭의 교리가 바울의 핵심이라고 말하는 데에 만족하지 않고, 이신칭의가 기독교의 핵심 교리라고 말하며, 이 교리가 다른 모든 교훈과 사역과 예배의 형태를 판단할 시금석이라고 주장했다. 루터의 견해는 사람은 어떤 선도 행할 능력이 없다는 근본적인 회의주의에서, 따라서 전적으로 의지할 필요가 있다는 강한 확신에서 나왔다.[7]

샌더스의 도전이 있기 전에는, 루터의 복음과 율법을 철저하게 대립적으로 이해하는 해석이 바울 학자 중에 강한 영향력을 갖고 있었다. 19세기에는 튀빙엔학파의 바우르(F. C. Baur)가 도전했지만, 별 성과를 거두지 못했다.[8] 바울의 율법관이 결코 긍정적이지 않았다고 보는 브레데조차도 이신칭의가 바울의 중심이냐는 이슈에 있어서는 루터와 의견을 달리했다. 브레데는 바울 신학의 중심에 구원(redemption)이라는 보다 광범위한 개념이 있다고 주장했다. 인류는 여러 면에서 노예가 되었는데, 율법은 인류가 구원받아야 할 필요가 있는 많은 억압적인 세력들 중의 하나일 뿐이라는 것이다.[9] 근래에는 슈텐달(Krister Stendahl)이 모든 사람의 마음에 "율법주의 유대인"이 숨어있다는 견해는 바울의 사상을 왜곡시킨다고 주장하면서 루터의 율법 이해를 반박했다.[10]

바울의 율법과 복음을 대립적으로 파악하는 루터의 이해는 바울이

---

7) 루터의 견해에 대한 더 상세한 소개를 위해서는 Francis Watson, *Paul, Judaism and the Gentiles: A Sociological Approach*, SNTSMS 56 (Cambridge/London/New York/Melbourne: Cambridge University, 1986), pp. 2-4와 Stephen Westerholm, *Israel's Law and the Church's Faith: Paul and His Recent Interpreters* (Grand Rapids, Mich.: Eerdmans, 1988), pp. 3-12를 보라.

8) 바우르의 주요 비평을 위해서는 F. Watson, *Paul, Judaism and the Gentiles*, pp. 10-2를 보라.

9) Wrede, *Paul*. 브레데에 대한 더 상세한 연구를 위해서는 Westerholm, *Israel's Law*, pp. 16-22를 보라.

10) Krister Stendahl, "The Apostle Paul and the Introspective Conscience of the West," *HTR* 56 (1963): 199-215. 그의 보다 근래의 작품인 *Paul Among Jews and Gentiles* (Philadelphia, Pa.: Fortress, 1976)도 참조하라.

이신칭의를 언급하는 성구에 대한 그의 해석에 기초를 두고 있기 때문에, 칭의(justification) 또는 의(righteousness)의 정확한 본질은 근래 논쟁의 주요 논점 중의 하나였고, 많은 사람에게는 지금도 그렇다. 바울의 율법과 의에 대한 학자들의 논의는 주로 로마서와 갈라디아서를 중심으로 이루어져 왔음에도 빌립보서 3:9은 의의 본질에 대한 영향력 있는 해석에 아주 중요한 성구였다. "… 율법에서 난, 내 자신의 의가 아니다. 그리스도를 믿는 믿음을 통한, 믿음에 근거하여 하나님으로부터 난 의이다."

빌립보서 3:9의 의 용어의 중요성에 대해서 근래의 학자들 간에 두 극단적인 입장이 제기되었다. 샌더스는 "이 본문의 구원론은… '의' 용어를 사용하지 않고도 기술될 수 있었다"고 주장하는 반면에[11] 베커(J. Christiaan Beker)는 의가 빌립보서 3:7-11의 "핵심 용어"라고 주장한다.[12] 홀덴(J. H. Houlden)[13]과 류만(John Reumann)[14] 같은 학자의 해석도 의가 빌립보서 3:2-11 전체를 해석하는데 가장 중요한 용어라는 인상을 준다. 비록 그것을 구문론이나 의미론적으로도 증명할 수는 없지만 말이다.[15] 샌더스의 판단이 빌립보서 3:9의 분사구문을 구문론적으로 삽입구라고 보는 많은 학자의 견해를 뒷받침해 줄지도 모른다. 하지만 그닐카(Joachim Gnilka)는 좀 다른 주장을 한다. 그도

---

11) E. P. Sanders, *Paul and Palestinian Judaism*, p. 505.

12) J. Christiaan Beker, "Paul the Theologian: Major Motifs in Pauline Theology," *Int* 43 (1989): 352-65, p. 361.

13) J. H. Houlden, *Paul's Letters from Prison*, PNTC (Middlesex/Baltimore: Penguin, 1970), pp. 96-102.

14) John Reumann, *"Righteousness" in the New Testament: "Justification" in the United States Lutheran-Roman Catholic Dialogue* (Philadelphia, Pa./New York: Fortress/Paulist, 1982), pp. 61-63.

15) 더 자세한 논의를 위해서는 Veronica Koperski, "The Meaning of *ΔΙΚΑΙΟΣΥΝΗ* in Philippians 3:9," *The Ministry of the Word: Essays in Honor of Prof. Dr. Raymond F. Collins*, Joseph A. Selling, ed., LS 20 (1995): 147-69, 154-68을 보라.

그 구문을 삽입구로 보기는 하지만, 그럼에도 그것은 바울이 이미 그 전에 교회와 더불어 상세하게 이야기를 나누었던 중요한 개념을 가리킨다고 주장한다.[16] 샌더스는 "믿음으로 인한 의(righteousness by faith)와 그리스도와의 연합(participation in Christ)은 결국 동일한 것에 이른다"고 주장한다.[17] 일리가 있는 말이다. 하지만 오브라이언(Peter T. O'Brien)은 이 표현이 동일한 의미를 갖기는 하지만 동일한 영역을 갖는 것은 아니라고 제대로 지적했다.[18]

사실상 빌립보서 3:9을 다루는 모든 주석가는 여기에 두 종류의 의가 대조되고 있다는 것에 동의한다. 즉 "율법에서 난 내 자신의 의"와 "그리스도를 믿는 믿음을 통한, 믿음에 근거하여 하나님으로부터 난 의"이다. 하지만 이 두 종류의 의 각각의 구체적인 특성이 무엇인지에 대해서는 상당한 차이를 보인다. 그 차이를 기술하기 위하여 학자들은 보통 다음의 세 가지 범주를 사용한다. 사람의 수고 대 하나님의 선물(Human Effort vs Gift of God), 그리스도를 통하여 대 그리스도를 통하지 않고(Through Christ vs not Through Christ), 특수적인 대 보편적인(Particular vs Universal). 하지만 이 세 그룹 사이에는 각 그룹의 율법에 대한 인식에서 더 근본적인 차이가 존재한다. 다른 부분에서는 서로 겹치기도 한다. 예를 들면 두 번째 그룹이 믿음에 근거한 의의 기독론적 측면을 강조한다고 해서, 그 의가 하나님의 선물인 것을 부인하는 것은 아니다. 또 세 번째 그룹이 믿음에 근거한 의의 보편적인 유용성을 강조한다고 해서, 의의 기독론적 측면이나 하나님의 선물의 측면을 제외시키는 것은 아니다. 율법에서 난 의에 관해서는 두 번째 그룹에 속한 학자는 바울이 이 문제를 해결책에서 시작해서 문제로 나아가는 방법으로 다룬다고 말할 것이고, 첫 번째와 세 번째

---

16) Joachm Gnilka, *Der Philipperbrief*, HTKNT 10/3 (Freiburg/Basel/Vienna: Herder, 1968), pp. 194-94.

17) *Paul and Palestinian Judaism*, p. 506.

18) Peter T. O'Brien, *The Epistle to the Philippians: A Commentary on the Greek Text*, NIGTC (Grand Rapids, Mich.: Eerdmans, 1991), p. 416.

그룹에 속한 학자는 그의 논쟁이 문제에서 시작해서 해결책으로 나아가는 방법을 취한다고 말할 것이다. 각 그룹은 "율법이 갖고 있는 문제가 무엇인가?"(What is wrong with the Law?)라는 질문에 조금씩 다른 답을 내놓는다.

제1장에서는 첫 번째 그룹을 다룬다. 이 그룹의 대표자는 불트만(Rudolf Bultmann)과 케제만(Ernst Käsemann)이다. 이 범주에 속하는 학자는 전체적으로 여전히 루터의 전통 안에 머무르려고 한다. 그들은 율법이 갖고 있는 문제가 무엇이냐는 질문에 구원은 자기의 노력으로 성취될 수 있다고 믿는 자랑하는 태도를 율법이 조장하는 것이라고 대답한다. 하지만 최근의 논문에서 짤(P. F. M. Zahl)은 1927년부터 1975년 사이에 불트만과 케제만이 주고받은 편지에 근거하여 케제만은 "새로운 관점"의 독특한 강조점과 아주 비슷한 면을 보여주고 있다고 주장한다.[19]

제2장에서는 두 번째 그룹을 다룬다. 이 그룹의 대표자는 샌더스이다. 이 그룹에 속하는 학자는 첫 번째 범주의 주장을 범주적으로 거부하며, 율법이 갖고 있는 문제가 무엇이냐는 질문에는 율법이 그리스도가 아니라는 점이라고 간단하게 대답한다. 샌더스를 위시한 이 그룹의 몇몇 학자는 이 점을 율법은 특수주의와 결합되어 있다는 견해와 관련시키기도 하지만, 일반적으로 바울의 일관성이라는 중요한 문제에 있어서 세 번째 범주의 학자와 다른 입장을 취한다.

제3장에서는 세 번째 그룹을 다룬다. 이들은 첫 번째 그룹의 주요 전제를 거부하고, 두 번째 그룹의 기독론적 관점은 공유하지만 그 그룹에서 바울을 종종 구제불능의 비일관적인 인물로 묘사하는 것에는 거부감을 느낀다. "율법이 갖고 있는 문제가 무엇이냐?"는 질문에 대한 이 세 번째 범주의 학자의 좀 더 균형 잡힌 대답은 율법은 구원의 유용성의 측면에서 볼 때 제한적이라는 것이다.

---

19) P. F. M. Zahl, "A New Source for Understanding German Theology: Käsemann, Bultmann, and the 'New Perspective on Paul,'" *SewTheolRev* 39 (1996): 413-22.

바울의 편지에 나타나는 율법의 문제를 다루는 다른 학자들은 소위 "루터적인" 입장을 다양한 방법으로 재주장함으로써 샌더스의 주장에 반응했다. 제1장에서 다루어진 몇몇 학자는 이미 샌더스의 작품 이전에 강경한 불트만의 입장을 완화시키고 있었던 반면에, 다른 학자들은 바울 당시의 유대교를 헐뜯는 방식으로 그렇게 하는 것을 꺼려했다. 이것은 때로는 의식적으로 표출하였고, 때로는 논의하는 태도로 암시하였다. 제4장에서는 이 그룹을 다룬다.

이상의 네 그룹에 속하는 학자 외에, "바울의 이해에서 율법이 갖고 있는 문제가 무엇인가?"라는 질문보다는 "바울의 율법 이해가 일관적이라는 것을 어떻게 보여줄 수 있는가?"라는 질문에 더 관심을 기울인 학자들이 있다. 제5장에서는 이 그룹의 학자를 다룬다. 이 문제에 관한 한, 이들은 위의 세 번째 범주의 학자와 대체적으로 일치하지만, 이들은 논의의 범위를 로마서와 갈라디아서를 넘어서 바울의 다른 편지에까지 확대함으로써 넓히려고 한다. 이 다섯 번째 범주의 학자에게 있어서 율법이 갖고 있는 문제는 그것이 죄악(sinfulness)과 관련되어 있다는 점이다.

이 책의 마지막장은 바울 신학의 "새로운 중심"으로 표현할 수 있는 문제를 다룬다. 점점 더 많은 학자가 율법의 문제는 바울의 핵심 문제가 아니라고 주장한다. 하지만 어느 것이 그 자리를 대신 차지할 것인지에 대해서는 아직 공감대가 형성되지 않고 있다. 제6장에서는 몇몇 제안을 검토한 후에 이 제안이 바울의 편지에 나오는 율법의 주제와 관련해서 어떤 의미가 있는지를 평가하고자 한다.

제1장
율법은 자랑하려는 태도를 조장한다

첫 번째 그룹의 학자는 바울이 전개한 두 종류의 의(righteousness) 사이의 대립을 사람이 노력하는 태도와 하나님의 선물을 겸손히 받아들이는 태도 사이의 대립으로 본다. 이 그룹의 입장에서 볼 때, 율법이 갖고 있는 가장 본질적인 문제는 율법이 사람으로 하여금 자기의 수고로 구원을 성취할 수 있다고 믿게 하는 자기 과장과 자랑의 태도를 조장한다는 점이다. 그렇다고 모든 학자가 이 점을 똑같은 강도로 강조하는 것은 아니다.

불트만(Rudolf Bultmann)[1])과 결합하게 된 이 입장의 주요 견해는 20세기 초에 바르트(Karl Barth),[2]) 미카엘리스(Wilhelm Michaelis),[3])

---

1) Rudolf Bultmann, *Theologie des Neuen Testaments* 1, NTG (Tübingen: J. C. B. Mohr, 1948), p. 280; ET: *Theology of the New Testament* 1 (London: SCM, 1968), p. 285. 이 견해는 "*ΔΙΚΑΙΟΣΥΝΕ ΘΕΟΥ*," *JBL* 83 (1964): 12-16, 특히 p. 13에서 재천명되었다.

2) Karl Barth, *Erklärung des Philipperbriefes*, 6th ed. (Zollikon: Evangelischer Verlag, 1947), pp. 99-103. 이 주석판은 1947년에 출판되었지만, 이 주석의 기초인 강의는 1926-1927년에 이루어졌다.

프리드리히(Gerhard Friedrich)에 의해서 표명되었다. 프리드리히는 빌립보서 3:9의 대조를 (롬 10:3의 유대인의 경우에서와 마찬가지로) 율법의 요구를 충족시키려는 자신의 수고와 믿음으로 받아들인 선물 사이의 대조로 기술한다.[4] 이 입장을 지지하는 학자 사이에 기독론적 초점이 전혀 없는 것은 아니지만, 주로 신학적인 차원이 강조된다. "옳은" 종류의 의는 "하나님으로부터" 온 의이다.

1. 선물로서의 의: 루돌프 불트만

불트만에 의하면, 빌립보서 3:9에 나오는 율법에서 난 의의 핵심적인 요소는 그것이 "내 자신의" 것이라는 점이다. 이 견해는 비교적 최근까지 폭넓은 지지를 받았다. 불트만은 이 표현을 로마서 10:3에 나오는 유대인의 의를 "그들 자신의" 의로 언급하는 표현과 연관시킨다. 그는 율법에서 난 의가 갖고 있는 문제는 그것이 자신의 공적을 자랑하는 태도를 동반하는 사람의 수고에 기초를 둔다는 것이다. 그런 태도는 하나님께 겸손하게 복종하는 것과 대척점을 이룬다. 그런 후에 불트만은 이 결론을 바울이 율법에서 난 의를 다루는 모든 본문에 적용한다. 이것과 관련해서 불트만과 그의 몇몇 추종자는 한쪽에는 유대인과 바울의 대적자를, 다른 쪽에는 그의 시대의 "이단자들"을 놓았던 루터보다도 때때로 더 멀리 나간다. 루터는 율법은 하나님이 주신 것이기 때문에 유대인이 그것에 순종하는 것

---

3) Wilhelm Michaelis, *Der Brief des Paulus an die Philipper*, THKNT 11 (Leipzig: A Deichert, 1935), p. 57.
4) Gerhard Friedrich, *Die Briefe an die Galater, Epheser, Philipper, Kolosser, Thessalonicher und Philemon*, NTD 8 (Göttingen: Vandenhoeck & Ruprecht, 141976), p. 161.

을 최소한 이해할만하다고 생각했다.

불트만은 빌립보서 3:9에서 믿음에 근거한 의는 하나님으로부터(ek theou)라는 전치사구의 수식을 받고 있기 때문에 이 의는 하나님의 선물이라고 주장한다. 그는 이 용법이 때로는 애매모호한 하나님의 의(dikaiosynē theou)에 대한 언급을 분명하게 해 준다고 여긴다. 빌립보서 3:9에 근거해서 그는 이런 언급도 의는 하나님의 선물이라는 의미라고 본다.[5] 불트만은 다른 곳에서 이 의의 선물을 법적이며 종말론적으로 묘사하기도 하는데,[6] 이 묘사의 근거는 빌립보서 3:9이 아니다. 불트만은 빌립보서 3:9에 대한 상세한 주석을 시도한 적이 한 번도 없다. 그리고 그의 해석의 문제점 중의 하나는 이 구절을 빌립보 신자에게 "… 너희 자신의 구원을 이루라… 왜냐하면 너희 안에서 일하시는 이는 하나님이시기 때문이다…"라는 빌립보서 2:12-13의 빛 아래서 읽는데 실패했다는 것이다.

이런 불트만의 입장의 발전은 "루터적 해석" 또는 "질적 논의"라고 불리게 되었다. 왜냐하면 이 입장은 의를 얻을 수 있는 근본적으로 다른 길이, 율법이 아닌 다른 길이 있다고 주장하기 때문이다. 이 입장을 지지하는 학자 중에 뮐러(Jacobus J. Müller)가 있는데, 그는 "내" 의는 율법의 요구를 외적으로 철저하게 충족시키는 데에 있으며, 이 의는 내가 율법에 순종함으로써 얻게 된다고 보는 반면에, "하나님으로부터" 난 의는 "전가된" 의로 본다.[7] 에른스트(Josef

---

5) *Theologie* 1, p. 280; "DIKAIOSYNE THEOU," p. 13; ET, p. 285.

6) *Theologie* 1, pp. 266-75, §28과 §29; ET, pp. 270-79. "종말"(end-time)은 하나님의 통치가 그리스도 안에서 모든 대적을 정복할 때인 미래의 관점에서 이해될 수도 있고, 그리스도의 오심으로 어떤 의미에서는 이미 종말이 시작되었기 때문에 현재의 관점에서 이해될 수도 있다.

7) Jacobus J. Müller, *The Epistles of Paul to the Philippians and to Philemon* (Grand Rapids, Mich.: Eerdmans, 41970), pp. 114-115.

Ernst)는 마틴(Ralph P. Martin)[8]처럼)율법에서 난 의는 사람의 수고로 얻은 것이라고 보고,[9] 이것을 죄 많은 인류에게 부여하는 구원하는 의라는 선물과 대립시킨다. 화이틀리(D. E. H. Whiteley)도 바울 당시의 유대교를 공로의 미적분학을 반영하고 있다고 본다.[10]

1964년과 1979년의 논문에서 클라인(Günter Klein)은 바울의 율법 이해에 핵심적인 구절은 갈라디아서 2:16과 로마서 3:20-22이라고 주장한다. 그에 의하면 이 구절들은 율법의 행위로는 아무도 의롭다고 인정을 받을 수 없고 오직 믿음을 통해서만 가능하다는 것을 분명하게 주장한다. 그는 바울의 율법 이해는 그의 죄 이해에 의해서 결정된다고 본다. 율법이 거룩한 것은 사실이지만, 율법의 목적은 칭의의 수단을 제공하려는 것이 아니라 죄를 드러내고 자신의 죄성에 절망하게 해서 그리스도 안에서 의를 찾게 하려는 것이다. 클라인에 의하면 바울은 원칙적으로 율법에 반대하는 것이지 단순히 율법을 성취하는 것이 불가능하기 때문에 반대하는 것이 아니다.[11]

자신이 불트만의 추종자로 분류되는 것을 단지 부분적으로만 맞다고 인정하는 휘브너(Hans Hübner)는 『바울사상에서의 율법』(*Law in Paul's Thought*)에서 바울의 율법 이해는 갈라디아서의 "양적" 관점에서 로마서의 "질적" 관점으로 발전했다는 제안을 내놓았다.[12]

---

8) Josef Ernst, *Die Briefe an die Philipper, an Philemon, an die Kolosser, and die Epheser*, RNT (Regensburg: Friedrich Pustet, 61974), p. 98: "자기 공적의 자리에 하나님의 은혜의 선물이 등장했다."
9) Ralph P. Martin, *The Epistle of Paul to the Philippians* (London: Tyndale, 1963), p. 148.
10) D. E. H. Whiteley, *The Theology of St Paul* (Oxford: Blackwell, 1964), pp. 163-64.
11) Günter Klein, "Individualgeschichte und Weltgeschichte bei Paulus," *EvTh* 24 (1964): 126-65와 "Sündenverständnis und theologia crucis bei Paulus," *Theologia crucis-signum crucis*, Erich Dikler and Carl Andressen, eds. (Tübingen: Mohr, 1979), pp. 249-82.

갈라디아서는 율법의 요구를 다 들어주는 것이 불가능하기 때문에 반대하는 반면에 (이 견해는 이미 크리소스톰〈John Chrysostom〉 교부에게서 발견된다),[13] 로마서는 율법이 율법주의적이기 때문에 반대한다. 좀 더 기독론적에 초점을 맞추고 있는 양적 접근은 이미 빌켄스(Ulrich Wilkens)에 의해서, 부분적으로는 클라인과의 논쟁의 과정에서, 강하게 주장되었었다.[14] 갈라디아서와 로마서 사이에서 바울의 이해는 발전되었다는 견해는 드레인(J. Drane)에 의해서도 옹호되었다.[15]

2. 새로운 생명으로서의 의: 에른스트 케제만

샌더스(E. P. Sanders)의 강력한 도전 이전에도, 어떤 점에서는 불트만과 의견을 같이 하면서도 믿음에 근거한 의에 대한 그의 이해의 이런 저런 측면을 강하게 비판하는 학자가 있었다. 케제만(Ernst Käsemann)이 1961년 9월에 옥스포드학회(the Oxford Congress)에서 그의 견해를 발표하기 몇 년 이전에도, 일반적으로 케제만 및 그의 추종자와 연관지어지는 하나님의 의에 대한 이해가 몇몇 학자에게 나타났다. 메사추세츠주 캠브리지 출신의 미국학자 롭스(James Hardy Ropes)는 이미 1903년에 의와 "죄 용서의 상태 및 새로운 생명"을 연관시켰다.[16] 영국학자 사인지(F. C. Synge)는 "지성적인 독자"를 겨냥한 1951년의 주석서에서 빌립보서 3:9의 "하나님으로부터

---

12) Hans Hübner, *Law in Paul's Thought*, James Greig, trans. (Edinburgh: T. & T. Clark, 1984), p. 151. 또 pp. 55-57, 63-65, 136-37도 보라.
13) John Chrysostom, "Homilies on Galatians," NPNF, 13, Philip Schaff, ed. (Grand Rapids, Mich.: Eerdmans, 1979), pp. 1-48, pp. 26-27.
14) 빌켄스의 견해는 제2장에서 다룬다.
15) J. Drane, *Paul: Libertine or Legalist?* (London: SPCK, 1975), pp. 61-77, 132-36.
16) James Hardy Ropes, "'Righteousness' and 'The Righteousness of God' in the Old Testament and in St. Paul," *JBL* 22 (1903): 211-27.

난 의"에 대한 해석을 시도했는데, 그는 의의 선물의 측면이라는 불트만의 견해도 받아들이고 의의 종말론적 차원도 인정하지만 이 선물이 "법적으로 이해"라는 것은 전적으로 거부한다.[17] 사인지는 이 의를 그리스도 안에서 일어나고 사람에게는 신생(regeneration) 또는 새 창조(re-creation)로 경험되는 하나님의 구원하고 심판하는 활동과 관련 있는 것으로 이해한다.[18] 케제만의 의 이해와 관련된 많은 특징은 이미 벨기에의 주석가 세르포(Lucien Cerfaux)도 언급하였다.[19]

비어(Francis Wright Beare)는 1959년의 빌립보서 주석서에서 "율법에서 난 내 자신의 의"의 특성을 "자랑스러운 성취"로 보는 불트만의 견해에 동의하고,[20] "하나님으로부터 난 의"의 선물의 특성과 법적 차원 둘 다를 인정한다. 하지만 그는 빌립보서 3:9 및 다른 구절에서 바울의 의 용어를 이해하는 데 어려움을 느낀다. 왜냐하면 그에 의하면 바울은 의라는 개념을 두 가지 다른 의미로 사용하기 때문이다. "율법에서 난 내 자신의 의"는 하나님이 심판주로서 인정하실 도덕적인 성취의 차원 즉 행동 및 인품과 관련이 있다. 그런데 바울이 "하나님으로부터 난 의"라는 용어에 "비본래적인"(unnatural) 법적 의미를 강제로 부여했다는 것이 비어의 생각이다. "'법적' 용어는 무리하지 않고서는 하나님이 사람을 다루시는 문맥에서 사용

---

17) F. C. Synge, *Philippians and Colossians: Introduction and Commentary*, 2nd ed., Torch Bible Commentary (London: SCM, 1958), p. 42. 사인지는 불트만의 이름을 한 번도 언급하지 않는다.
18) *Ibid.*: 사인지는 이사야를 인용하고 Norman H. Snaith, *The Distinctive Ideas of the Old Testament* (London: Epworth, 41950)을 언급한다.
19) Lucien Cerfaux, *Le Christ dans la théologie de saint Paul*, LD 6 (Paris: Les Éditions du Cerf, 1951). ET: *Christ in the Theology of St. Paul*, Geoffrey Webb and Adrian Walker, trans. (New York: Herder & Herder, 1959).
20) F. W. Beare, *A Commentary on the Epistle to the Philippians*, 2nd ed., BNTC (London: Adam & Charles Black, 1969), p. 118.

될 수 없다. 왜냐하면 하나님은 사람을 '율법과 상관없이'(롬 3:21)라는 제목 하에서 다루시기 때문이다."[21] 비어에게 있어서 "하나님으로부터 난 의"의 근본적인 의미는 "죄의 용서"이다. 그렇다고 하나님의 심판의 측면을 배제하는 것은 아니다. 또 "하나님으로부터 난 의"는 악과 싸워서 이기는 그리고 최후의 완전한 종말론적 승리를 기대하면서 이 땅에 평화의 나라를 시작하는 하나님의 능력의 측면도 갖고 있다. 이것은 믿는 자에게 주어져서 그의 삶을 주장하여 불의와 죄를 이기게 한다.[22] 이처럼 비어는 "하나님으로부터 난 의"의 법적 의미를 수용하려고 하면서도 이 의미가 유일한 의미는커녕 본래적인 의미도 아니라고 여긴다.

"하나님으로부터 난 의"의 의미에 관해서 보통 케제만은 불트만과 상반되는 입장을 취한다고 여겨지지만, 빌립보서 3:9의 해석에 있어서는 그는 불트만과 근본적으로 일치한다. 즉 빌립보서 3:9의 대립은 사람의 수고로 얻는 의와 하나님으로부터 선물로 오는 의 사이의 대립이라는 것이다. 하지만 케제만은 이 선물의 성격을 "법적-종말론적"으로 파악하는 불트만과는 달리, 이 선물은 하나님의 구원하는 능력과 연관되어야 한다고 주장한다. 그런데 이 주장은 빌립보서 3:9을 근거로 삼지 않고 (케제만은 이 구절을 불트만보다 덜 다룬다), 로마서, 갈라디아서, 고린도전후서를 포함하여 성서와 쿰란 자료에 대한 검토를 근거로 삼는다.[23] 케제만은 가장 주된 강조점이

---

21) Ibid., p. 121.
22) Ibid.; 전체적인 논의를 위해서는 pp. 117-22를 보라. 비어는 G. Schenk, "Righteousness," Bible Key Words 4 (London: A. & C. Black, 1949-65), p. 53을 언급한다. 비어는 다른 곳에서는 불트만과 케제만을 언급하지만, 의에 대한 논의에서는 독일학자들을 전혀 인용하지 않는다.
23) Ernst Käsemann, "Gottesgerechtigkeit bei Paulus," ZTK 58 (1961): 367-78, p. 367. 빌3:9은 단지 이 논의의 출발점일 뿐이다. 케제만은 이 구절로 돌아오지 않는다.

구원을 이루기 위해서 효과적으로 활동하는 하나님의 능력이라고 주장하면서 이 논의를 시작한다.[24] 칭의(justification)는 성화(sanctification)와 분리될 수 없으며,[25] 그것은 개인적 도덕적 특질보다는 관계(relationships)와 더 많은 관련이 있다.[26] 그것은 믿는 자에게는 새로운 피조물이 되는 것을 의미한다. 왜냐하면 그는 주권이 바뀌는 것을 경험하기 때문이다.[27] 케제만이 아담-그리스도 이야기에서 추출한 새로운 피조물 개념은 그 역시 의의 선물의 특성을 강조하는 세르포가 이미 이전에 언급했다.[28]

브라우흐(Manfred T. Brauch) 같은 학자는 케제만의 의 해석 쪽으로 기우는 반면에,[29] 클라인(Günter Klein)은 케제만의 주장의 많은 부분에 아주 비판적인 학자의 대표자이다.[30] 한편 클라인은 헤이즈(Richard B. Hays)에게 그의 로마서 3장의 석의가 자의적이라는 비판을 받았다. 헤이즈는 케제만이 그의 의의 해석의 지원을 쿰란 자료에서 찾으려고 하는 시도와 그의 제자가 바울의 "하나님의 의"의 사용이 일종의 종말론적 기초를 갖고 있음을 보여주려는 노력은 별로 설득력이 없다고 본다. 하지만 바울에게 있어서 "하나님의 의"는 하나님의 구원을 창조하는 능력이라고 보는 케제만의 견해는 정확하다고 확신한다. 헤이즈는 로마서 3장에 나타나는 바울의 논의의 내적 논리와 그 논의의 배경인 시편 143편에 대한 검토 위에 그의

---

24) Ernst Käsemann, "The Righteousness of God in Paul," *New Testament Questions of Today*, New Testament Library (London: SCM, 1969), pp. 168-82, pp. 170-71.
25) *Ibid.*, pp. 171, 175. Cf. Cerfaux, *Christ*, pp. 297-98, 311-12, 318-19.
26) *New Testament Questions*, p. 172.
27) *Ibid.*, pp. 176-78.
28) Cerfaux, *Christ in the Theology of St. Paul*, pp. 230-43, 319.
29) Manfred T. Brauch, "Perspectives on 'God´s righteousness' in recent German discussion," in Sanders, *Paul and Palestinian Judaism*, pp. 523-42.
30) Günter Klein, "Righteousness in the New Testament," *IDBSup*, pp. 750-52.

논증을 세우려고 애쓴다.[31]

달(Nils Alstrup Dahl, 1982),[32] 배슬러(Jouette M. Bassler, 1982),[33] 홀(David Hall, 1983),[34] 코스그로브(C. H. Cosgrove, 1987)[35]는 모두 로마서 3장에 나오는 바울의 "하나님의 의" 개념은 하나님의 구원하는 능력을 포함한다고 인정할 뿐만 아니라, 구원하는 능력으로서의 하나님의 의는 하나님의 심판도 포함한다는 것을 헤이즈보다도 더 강조한다. 올리(John W. Olley)는 이 두 견해가 칠십인역의 의에 대한 견해에서 중첩되고 있다고 주장한다.[36]

(1980년의 빌립보서 주석 개정판에서) 마틴(Ralph P. Martin)은 빌립보서 3:9의 "하나님으로부터 난 의"의 의미를 해석하는데 있어서 불트만과 케제만의 의견을 종합하려고 하는 주석가들 중의 대표자이다. 마틴은 빌립보서 3:9의 "발견되다"의 "법적 풍취"를 그 뒤에 오는 의 용어에서 나오는 것으로 보는 관점에서 "그리스도 안에서 발견되다"와 "의를 갖다"의 결합을 이해한다.[37] 마틴은 의 용어가 기본적으로 법적이라고 여기면서도, 빌립보서 3:9의 의는 "법적이면서 동시에 도덕적"이라는 지슬러(John A. Ziesler)의 견해에 동의한다.

---

31) Richard B. Hays, "Psalm 143 and the Logic of Romans 3," *JBL* 99 (1980): 109-15, p. 111.

32) Hils Alstrup Dahl, "Romans 3:9: Text and Meaning," *Paul and Paulinism: Essays in Honor of C. K. Barrett*, Morna D. Hooker and S. G. Wilson, eds. (London: SPCK, 1982), pp. 184-204.

33) Jouette M. Bassler, *Divine Impartiality: Paul and a Theological Axiom*, SBLDDS 59 (Atlanta, Ga.: Scholars, 1982).

34) David Hall, "Romans 3:1-8 Reconsidered," *NTS* 29 (1983): 183-97.

35) C. H. Cosgrove, "What If Some Have Not Believed? The Occasion and Thrust of Romans 3:1-8," *ZNW* 78 (1987): 90-105, 특히 p. 96.

36) John W. Olley, *"Righteousness" in the Septuagint of Isaiah: A Contextual Study*, SBLSCS 8 (Missoula, Mont.: Scholars, 1979), p. 115.

37) Ralph P. Martin, *Philippians*, rev. ed., NCBC (London: Marshall, Morgan & Scott, 1980), p. 131.

또 이 구절에서는 바울이 개인적인 차원에서 교훈을 주고 있다고 생각하면서도, 마틴은 바울의 의에 대한 좀 더 일반적인 교훈과 관련해서는 새로운 창조 사상과 관련되는 좀 더 우주적인 차원도 인정한다.[38] 베커(J. Christiaan Beker)도 불트만과 케제만을 혼합하고,[39] 바이른(Brendan Byrne)도 "둘 다[불트만과 케제만] 바울의 하나님의 '의'의 개념의 본질적인 측면을 언급한다"고 본다.[40]

3. 참여로서의 의: 슈툴마허와 지슬러

케제만의 제자인 슈툴마허(Peter Stuhlmacher)는 1965년의 바울의 의에 대한 책에서[41] 빌립보서 3:9의 두 의 사이의 대립은 세례 전과 후의 바울의 율법 이해와 관련이 있다고 본다.[42] 세례 전에는 바울은 율법을 "생명의 법"(시락서 17:11)으로 여겼지만, 세례 후에는 그는 하나님의 심판을 오직 "그리스도 안에서만" 기대했다. 케제만의 견해를 따라서 (불트만의 "법적-종말론적" 의에 대해서도 어느 정도 가능성을 열어 놓으면서도) 슈툴마허는 하나님으로부터 난 의는 종말론적-법적 가치판단일 뿐만 아니라 다른 곳에서는 성령의 부여로

---

38) *Ibid.*, p. 132.

39) J. Christiaan Beker, *Paul the Apostle: The Triumph of God in Life and Thought* (Philadelphia, Pa.: Fortress, 1980), pp. 263-64.

40) Brendan Byrne, "Living Out the Righteousness of God: The Contribution of Rom 6:1-8:13 to an Understanding of Paul's Ethical Presuppositions," *CBQ* 43 (1981): 557-81, p. 558, n. 3.

41) Peter Stuhlmacher, *Gerechtigkeit Gottes bei Paulus*, FRLANT 87 (Göttingen: Vandenhoeck & Ruprecht, 1965), pp. 99-101.

42) 100쪽에서 슈툴마허는 세례를 바울의 다메섹 경험과 "유사한" 것으로 언급하면서 이야기를 시작하고, 계속해서 바울과 관련해서 세례 용어를 사용한다.

표현되는 그 동일한 실재(the same reality)를 묘사하는 또 다른 방법인 새로운 상태에 대한 경험이기도 하다고 주장한다. 이 새로운 상태는 그리스도의 죽음과 승리에 참여하는 것이고(빌 3:10), 이사야 54:17에 묘사된 하나님의 창조적인 활동 및 구원하는 정의와 동일한 하나님의 구원하는 승리를 경험하는 것이다.

지슬러(John A. Ziesler)는 1972년의 글에서 "자신의" 의를 사람의 공로와 관련짓는 불트만의 이해를 별다른 이의 없이 받아들이는 것처럼 보인다.[43] 하지만 그의 이런 입장은 주로 샌더스의 영향을 받은 결과보다 근래의 두 글과 빌립보서 3:9에 대한 논의에서는 많이 수정된다.[44] 『바울의 의의 의미』(The Meaning of Righteousness in Paul)에서 지슬러는 빌립보서 3:9의 분사구문은 구문론적으로 "그 안에서 발견되다"에 종속되고, 따라서 참여적인 측면이 강하다고 주장한다. 이전에는 보통 바울의 신비적(mystical) 용어와 법적(juridical) 용어를 구분하던 곳에서 지슬러는 참여(participation) 언어와 법적(forensic) 언어를 사용한다. 많은 학자는[45] 바울에 있어서 신비적인 사고와 법적인 사고는 쉽게 분리될 수 없다는 디벨리우스(Martin Dibelius)의 간략한 진술[46]을 별다른 수정 없이 되풀이 했다. 그닐카(Joachim Gnilka)는 신비적이라는 용어 대신에 영적(pneumatisch)이라는 용어를 사용하자고 제안한다.[47] 프리드리히는

---

43) J. A. Ziesler, *The Meaning of Righteousness in Paul: A Linguistic and Theological Enquiry* (Cambridge, U. K. : University Press, 1972), pp. 148-151.

44) J. A. Ziesler, *Paul's Letter to the Romans*, TPI New Testament Commentaries (London/Philadelphia, Pa.: SCM/Trinity Press International, 1989)와 "Justification by Faith," *Theology* 94 (1991): 188-94.

45) 예를 들면 Stuhlmacher, *Gerechtigkeit Gottes*, p. 101.

46) Martin Dibelius, *An die Thessalonicher I, II, an die Philipper*, 3rd, rev. ed., HNT 11 (Tübingen: J. C. B. Mohr, 1937), p. 89.

도덕적-법적(ethisch-juridisch)과 물리적-신비적(physisch-mystisch)을 대립시킨다.[48] 또 일부 학자는 도덕적과 법적을 대립시키기도 하지만, 이 두 용어는 관계적(relational)이라는 용어와 관련되어 있다. 슈트레커(Georg Strecker)는 신비적 대신에 존재론적(ontological)을 사용하자고 제안했다.[49] 최근의 논의를 보면, 신비적(mystical)은 거의 참여(participation)로 대체되었고, 법적(juridical)보다는 법적(forensic)이 더 많이 사용된다.

지슬러에 의하면, 믿는 자는 의를 소유하는 것이 아니고 믿음으로 그것에 참여하는 것이다. 의는 여전히 하나님의 의로 남아있다. 신자의 입장에서 보면, 이 의는 오직 그리스도와의 관계 안에 그리고 그 관계를 통하여만 존재하고, 그리스도와 함께 죽고 살아나는 것과 밀접하게 관련되어 있다. 지슬러는 하나님으로부터 난 의를 죄 용서로 보는 비어(Francis Wright Beare)의 견해에 수긍하지 않는다. 왜냐하면 그는 그런 이해는 바울의 두 의 사이의 대립을 무의미하게 만든다고 생각하기 때문이다. 만약에 율법에 의한 의는 도덕적 성취로,[50] 믿음에 의한 의는 죄 용서로 이해한다면,[51] 후자는 "다른 기원을 갖는 정도가 아니라, 아예 다른 종류이다. 전자는 행동적이지만, 후자는 행동적인 함축이 전혀 없이 관계성 및 수용성과 관련이 있다."[52]

---

47) Joachim Gnilka, *Der Philipperbrief*, p. 195.
48) Friedrich, *Philipper*, p. 161.
49) Georg Strecker, *Eschaton und Historie* (Göttingen: Vandenhoeck & Ruprecht, 1979), p. 237.
50) 비어는 이 의미를 수용한다(*Philippians*, p. 120). 하지만 그는 하나님이 (심판주로서) 인정하시는 것도 도덕적 성취의 수준이라고 말하기도 한다.
51) 지슬러는 용서(forgiveness)를 수용(acceptance) 및 칭의(justification)와 동의어로 사용한다(*The Meaning of Righteousness*, p. 149). 비어는 수용이라는 용어를 사용하지 않고, "하나님으로부터 나오는 의는 하나님이 그를 '의롭게' 하셨다는, 즉 그를 의롭다고 선언하셨다는 사고에 의존한다"고 말한다(p. 120).

지슬러는 바울이 의 용어를 두 가지 의미로 사용한다는 비어의 전제를 거부하고, 의의 의미를 갖고 있는 수용성이라는 이해는 다른 어느 문서에서도 지지를 받지 못한다고 주장한다.[53] 그 다음에 지슬러는 바울이 랍비적인 공로 교리를 언급했을 가능성을 간단하게 살펴보고, 이 교리가 로마서 4장과 갈라디아서 3장에서는 그 배후에 있을 수도 있지만 빌립보서 3장에서는 자취를 찾아보기 어렵다고 결론을 내린다.[54] 지슬러가 비어에게서 찾아내는 그 상이점이 정말로 그런 문제인지 의문을 제기할 수도 있다. 왜냐하면 예를 들어 빌립보서 2:12-13에서 바울은 "… 두려움과 떨림으로 너희 자신의 구원을 이루라. 너희 안에서 행하시는 이는 하나님이시기 때문이다. 하나님은 당신의 선한 즐거움을 위해서 너희로 하여금 원하고 행하게 하신다"고 말하기 때문이다. 이 구절에서는 분명히 행동적인 측면이 신적 주도권에 의존하는 관계로부터 흘러나온다. 이 행동적인 측면은 이 주도권에 대한 반응으로서도 필요하다.

지슬러는 빌립보서 3:7-11의 문맥에서 함축되어 있는 법적 특성을 찾아내기는 하지만,[55] 이 문맥이 이 단락에 나오는 의의 의미를 법적 차원에 한정시키는 것을 허락하지 않는다고 주장한다. 만약에 강조점이 단순히 의의 전가에 놓여있다면, 지슬러에 의하면, 그리스도 안에서의 새로운 존재에 대한 암시, 그리스도와 함께 죽고 살아나는 것에 대한 언급, 그의 부활의 능력에 대한 지식 등은 필요하지 않을 것이다. 그리스도 안에 존재한다는 것은 근본적이고 도덕적인 새로움을 암시한다. 도덕적이라는 말은 분명히 빌립보서 2:1-13의 권면

---

52) Ziesler, *ibid.*, p. 149.
53) 비어는 시 32:1-2과 롬 4:7-8을 인용한다(p. 120).
54) *The Meaning of Righteousness*, p. 150.
55) 3:6의 "무흠"에 대한 언급과 8절의 "발견되다"는 동사의 사용. 이것들은 "최후의 심판을 가리킬 수도 있다"(*ibid.*).

과 1:11의 "의의 열매들"의 문맥에서 이해되어야 한다. 그러면 의는 완전히 도덕적이며, 우리가 예수님을 믿는 한 우리에게 전달된다 (communicated). 이 전달은 어떤 것이 하나님으로부터 사람들에게 옮겨지는 것이 아니라, 믿는 자들이 그리스도를 통하여 하나님의 의 (지슬러에게는 하나님의 성품이라기보다는 하나님의 창조와 하나님의 선물인 것으로 보인다)[56]에 참여하는 것이다. 이것도 역시 법적 또는 관계적 함의를 갖지만, 이것들만이 그것의 모든 의미라고 생각해서는 안 된다. 지슬러에 의하면, *dikai*- 단어군에서 동사는 본질적으로 관계적 또는 법적이고, 명사와 형용사는 관계 내의 행동을 기술한다.[57] 성서적인 의의 개념을 논의하면서 지슬러는 의는 일반적으로 언약 관계 내에서 신실하게 행하는 것을 의미한다고 한다. 그럼에도 불구하고 도덕적(ethical)과 법적(forensic)은 서로 떨어질 수 없다. 왜냐하면 신실하게 행하는 사람들은 "신실한 상태에 있고 신실하다는 판결을 받을 것이기 때문이다… 유죄 또는 무죄에 대한 판결은 사람과 하나님의 경우 둘 다에게 정말로 신실 또는 불신실에 대한 판결이다."[58] 유다가 다말에 대해서 "그녀는 나보다 더 의롭다"(창 38:26)고 말했을 때, 그는 아마도 단순히 그녀가 더 옳다는 것뿐만 아니라 "그녀는 공동체의 의무를 나보다 더 잘 수행했다"는 것을 의미했을 것이다.[59]

왓슨(Nigel M. Watson)은 지슬러의 책을 평가하면서 빌립보서 3:9의 의에 대한 그의 해석을 받아들인다.[60] 왓슨은 지슬러가 의 용어를 논의하면서 바울의 동사 사용과 그의 명사 및 형용사 사용을 따

---

56) Cf. *The Meaning of Righteousness*, pp. 36-45.
57) *The Meaning of Righteousness*, p. 212.
58) *Ibid.*, pp. 36-43; 인용은 p. 42.
59) *Ibid.*, p. 43.
60) Nigel M. Watson, "*The Meaning of Righteousness*," NTS 20 (1973-74):

로 구분하는 것을 칭찬하면서도, 이 두 용법에는 지슬러가 발견한 것보다 더 많은 중첩이 있다고 생각한다. 왓슨은 지슬러의 연구가 이룩한 가장 중요한 점은 하나님의 구원하는 의는 반드시 두 가지를 함께(inseparably) 성취한다고 한 것이라고 여긴다. "… 그것은 그들과 하나님의 관계를 회복시킨다. 그리고 그것은 그들을 새로운 (도덕적인, 의로운) 존재로 만든다."[61] 이 표현을 보면서 우리는, 지슬러가 비어를 비판하면서 주장한 것처럼, 하나님과의 관계 회복의 개념이 죄 용서의 개념을 배제시키는지에 대한 질문을 제기할 수도 있다.[62]

4. 율법과 거룩한 폭력: 해머튼-켈리

해머튼-켈리(R. G. Hamerton-Kelly)는 1992년의 『거룩한 폭력: 바울의 십자가 해석』(Sacred Violence: Paul's Hermeneutic of the Cross)[63]과 일 년 뒤의 논문[64]에서 불트만의 입장을 가장 극단적으로 받아들였다. 지라르(Renē Girard)의 거룩한 폭력 이론을 사용하면서, 해머튼-켈리는 바울이 율법을 거부한 이유는 그가 그것을 거룩한 폭력조직으로서의 종교를 대표하고 옹호하는 존재(entity)로 보게 되었기 때문이라고 주장한다. 많은 학자가 이 문제를 다양한 관점에서 다루었다.[65]

217-28, p. 219.
61) Ziesler, p. 189. 왓슨의 228쪽에 인용되었다.
62) The Meaning of Righteousness, p. 149.
63) R. G. Hamerton-Kelly, "Sacred Violence and the Law of Moses," in Sacred Violence: Paul's Hermeneutic of the Cross (Minneapolis, Minn.: Fortress, 1992), pp. 140-60.
64) R. G. Hamerton-Kelly, "Paul's Hermeneutic of the Cross," Dialog 32 (1993): 247-54.
65) Dialog 32 (1993)의 모든 이슈를 참조하라.

해머튼-켈리와는 달리, 엘리어트(Neil Elliott)는 1993년의 논문에서 바울이 그리스도의 십자가라는 그의 새로운 관점에서 오직 유대교의 한 특별한 정치적인 형태만이 거룩한 폭력과 연결되어 있다고 보게 되었다고 주장한다. 이 형태는 "유대의 성전 국가의 권력을 얻으려는 권모술수"와 연관되어 있었다. 엘리어트는 바울은 유대 그리스도인에게 가한 자신의 박해에서도 동일한 폭력을 인식한다고 본다.[66]

매로우(Stanley B. Marrow)는 해머튼-켈리의 책을 평가하면서 지라르의 이론을 사용하는 그로부터 유래한 방법론을 신랄하게 비판한다.

> 책의 결론으로 판단하자면, "거룩한 폭력과 유대인"과 "거룩한 폭력과 모세의 율법"이라는 장들이 어떤 면에서는 이 책 전체가 존재하는 이유이다. 앞의 장들과는 달리 바로 여기에서, 언급한 새로운 것은 전혀 참이 아니고 지라르에 호소함으로써 그렇게 될 수도 없다는 것이 분명해진다. 그리고 제공된 참된 것은 전혀 새롭지 않고 그것들이 소유하고 있는 진리를 지라르의 이론에 빚지고 있지도 않다는 것이 분명해진다… 지라르의 이론은 순종하는 조명의 도구가 되는 대신에 포악한 혼란의 폭군이 되었다.[67]

---

66) Neil Elliott, "Paul and the Lethality of the Law," *Foundations and Facets Forum* 9, 3-4(1993): 237-56. 254쪽에서 인용.

67) Stanley B. Marrow, Review of Robert G. Hamerton-Kelly, *Sacred Violence: Paul's Hermeneutic of the Cross* (Minneapolis, Minn.: Fortress, 1992), in *CBQ* 56 (1994): 137-38. 138쪽에서 인용.

5. 요약

이 장에서 살펴본 해석이 빌립보서 3:9에 나오는 "하나님으로부터 난 의"의 의미에 대해서 다소간에 차이를 보이지만, 일반적으로 그들은 그 구절의 "율법에 근거한 내 자신의 의"와 로마서 10:3의 "그들 자신의 의"는 율법주의적 도덕적 성취를, 사람의 노력으로 이루어진 어떤 것을, 사람들이 자랑할 수 있고 실제로 자랑하는 것을 가리킨다고 본다. 그래서 빌립보서 3:9의 두 개의 부정적인 언급 가운데서 첫 번째 언급이 두 번째 언급을 규정한다. 즉 율법으로부터 난 의가 갖고 있는 문제는 그 의가 "내 것"이라는 것이다. 율법은 자랑으로뿐만 아니라 폭력으로까지 나아가는 태도를 조장하는 것으로 여겨진다.

이어서 살펴볼 두 번째 그룹의 학자들은 "내 자신의 의"(빌 3:9)와 "그들 자신의 의"(롬 10:3)는 자신의 수고에 자랑스럽게 의지하는 태도를 묘사한다는 불트만의 주장을 전적으로 거부한다. 그들은 바울에게서 이런 결론을 뒷받침할 근거는 아무데서도 찾아볼 수 없다고 주장한다.

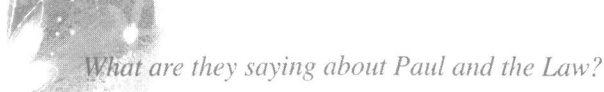
What are they saying about Paul and the Law?

제2장
율법은 그리스도가 아니다

"바울에 대한 새로운 관점"을 옹호하는 학자 중에서, 바울은 율법에게는 아무런 본질적인 문제도 없다고 본다는 견해는 유대교에 대한 긍정적인 평가와 연관되어 있다. 이 관점에 의하면, 율법에 대한 불트만의 부정적인 견해는 초기교회시대의 유대교의 교리와 삶에 대한 부정확한 이해에서 비롯되었다. 이 그룹은 빌립보서 3:9의 두 종류의 의 사이의 대립은 한 의는 그리스도를 통하여 오고 다른 의는 그렇지 않다는 사실에 기초를 두고 있다고 본다. 빌립보서 3:9뿐만 아니라 전체적인 바울의 사고에 관한 이 학자들의 의견은 샌더스(E. P. Sanders)의 말에 잘 요약되어 있다. "율법으로 인한 이스라엘의 의의 문제는… 그것이 그리스도를 믿는 믿음에 기초하고 있지 않다는 것이고… 또 그것이 이방인들이 유대인들과 동등해지지 못하도록 방해한다는 것이다."[1]

---

1) E. P. Sanders, "Paul on the Law, His Opponents, and the Jewish People in Philippians 3 and 2 Corinthians 11," *Paul and the Gospels*, Anti-Judaism in early Christianity 1, SCJ 2, Peter Richardson, ed. (Waterloo, Ontario: Wilfrid Laurier University, 1986), pp. 75-90, p. 79.

1. 샌더스의 전조들

1951년에 "하나님으로부터 난 의"에 대한 케제만(E. Käsemann)의 몇몇 특성을 예견했던 사인지(F. C. Synge)는 빌립보서 3:9의 "내 자신의 의"의 의미를 오늘날 대부분 샌더스와 연관되어 있는 용어로 기술한 최초의 학자 중의 하나이다. 시인지는 "내 자신의 의"의 의미를 "하나님과 아무런 문제가 없다고 주장할 수 있게 하는, 하나님의 율법에 대한 복종"이라고 개괄적으로 말해 놓고서,[2] 점차로 구체화시켜 나간다. 시편 119편 및 욥기 31장과 관련해서 그는 "율법을 좇는 의"는 아주 높은 질서였고, 바리새인은 단지 예외적으로만 자신의 공로를 자축하는 태도를 취했던 선한 사람이었다고 말한다. 그들 대부분은 완전한 의는 율법 준수로는 얻을 수 없다는 것을 인정했고, 이 율법에서 난 의를 하나님으로부터 난 선물인 의로 보충하기 위해서 하나님의 자비에 의존했을 것이다. 사인지에 의하면, 바울에게 있어서 다른 점은 하나님으로부터 난 선물인 의는 더 이상 보조적이지(supplemental) 않고 재창조(re-creation)라는 것이다. 이 재창조는 그리스도 안에서 하나님의 나라가 시작되었기 때문에 이미 현재에서 경험된다.[3] 이처럼 사인지는 "율법에서 난 내 자신의 의"와 "그리스도를 믿는 믿음을 통하여 오는, 하나님으로부터 난 의"의 구분을 정도의 문제(a matter of degree)로 보는 것 같다. 바울이 율법으로부터 난 의를 거부한 것은 그것이 자랑하는 인간의 수고와 관계가 있기 때문이 아니라 단순히 그것이 불완전하기 때문이다. 그것은 거부되었다기보다는 대체되었다.

---

2) Synge, *Philippians*, p. 41.
3) *Ibid.*, pp. 41-42.

유대교의 율법이 대체되었다는 이 제안은 이미 중세시대의 란프란크(Lanfranc)의 주석에서 분명하게 언급하였다.[4] 이 논의가 진행되면서 분명해지겠지만, 어거스틴(Augustine)에게서도 비슷한 언급을 찾아볼 수 있다. 『파우스투스에 반대하여』(Contra Faustum) 32권의 서두에서 어거스틴은 그의 적대자가 유대교 성경의 어떤 부분은 선택적으로 수용하고 나머지는 바울이 쓰레기(stercora)로 여겼던 것을 취급하는 것과 같은 방식으로 취급한다는 파우스투스(Faustus)의 비난을 인용한다. 어거스틴은 유대교의 성경 중에서 더는 지켜지지 않는 것이라고 해서 그것들이 무시되는 것은 아니라고 반박한다. 그것들은 그들의 시대와 사람들에게 적합한 것이었다고 여겨진다. 게다가 그것들은 여전히 영적 진리의 상징이다. 비록 그것들의 외적 준수가 소멸되었다고 하더라도, 그것들은 다가오는 것들에 대한 예언과 그림자로서 존중되어야 한다.[5]

바울 학자들 사이에서 오랫동안 팽배했던 1세기 유대교에 대한 편향적인 시각에 대한 또 다른 초기의 도전은 1961년에 유대인 학자 쇱스(H. J. Schoeps)에 의해서 이루어졌다. 그는 당시의 다른 유대교 랍비와 마찬가지로 바울도 메시아가 와서 율법의 요구를 끝낼 것이라고 믿었다고 주장한다. 하지만 쇱스는 바울이 당시의 유대교를 오해했다고 비난한다. 예수님을 메시아로 인정한 바울은 율법을 당시의 유대인들이 수용할 수 없게 해석했고, 그의 해석은 율법과 언약을 분리시켰기 때문에 오해(misconstrual)라는 것이다.[6]

---

4) Lanfranc, *Epistola B. Pauli ap. ad Philippenses cum interjectis B. Lanfranci glossulis*, PL 150 (1854), cols. 307-20, 특히 313-16.

5) Augustine, *Contra Faustum libri triginta tres*, CSEL 25, Joseph Zycha, ed. (Prague-Vienna/Leipzig: Tempsky/Freytag, 1891), pp. 249-797, pp. 760-61 (32:1), 767-68(32:8-9).

빌립보서 3:9에서 구원의 수단으로서의 율법은 다른 것으로 대체되었다는 입장은 1968년의 바울의 율법 이해에 대한 판 뒬멘(Andrea van Dülmen)의 책[7]과 같은 해의 빌켄스(Ulrich Wilkens)의 논문[8]에서도 개진되었다. 로마 가톨릭 학자인 판 뒬멘은 전통적으로 "루터적" 입장과 관련되어 있는 많은 논점을 옹호한다. 양측 다 바울의 율법 비판은 기독론적이라고 주장한다. 빌켄스는 빌립보서 3:9과 로마서 10:3에서 율법은 구원사에 관한 한 "시대착오적인 것"이 되었다고 한다. 그는 로마서 2:13을 출발점으로 삼고, 대부분의 학자와 달리 바울의 말은 표현 그대로, 즉 율법을 행하는 자는 의롭게 될 것이라는 의미라고 주장한다. 문제는 율법 전체를 행하는 것이 불가능하다는 것이다. 그럼에도 기독교 신앙은 행위와 대립되지도 않고, 믿는 자가 율법을 행하지 않는 것을 변호해 주지도 않는다. 믿음은 과거의 죄의 결과에서뿐만 아니라 현재 율법대로 살아야하는 부적당성에서도 건져준다. 모든 사람이 죄를 지었기 때문에 율법은 생명의 수단으로서는 이미 작동을 멈추고 그리스도 안에서 구원하는 하나님의 의의 행동에 의해서 대체되었다. 하지만 율법은 여전히 하나님의 뜻에 대한 천명으로서 남아있고, 믿는 자는 그것을 성취할(fulfill) 의무가 있다.[9]

---

6) Hans Joachim Schoeps, *Paul: The Theology of the Apostle in Light of Jewish Religious History* (Philadelphia, Pa.: Westminster, 1961), pp. 171-262.

7) Andrea van Dülmen, *Die Theologie des Gesetzes bei Paulus*, SBM 5 (Stuttgart: Katholisches Bibelwerk, 1968), pp. 174-79, 251-54, 특히 pp. 178과 252.

8) Ulrich Wilkens, "Was heiβt bei Paulus: 'Aus Werken des Gesetzes wird kein Mensch gerecht?'" EKKNT 1 (Zürich/Cologne/Neukirchen: Benziger/Neukirchener, 1968), pp. 51-77, pp. 71-72.

9) Ulrich Wilkens, "Zur Entwicklung des paulinischen Gesetzesverständnisses,"

2. 두 종류의 의: 샌더스

『바울과 팔레스타인 유대교』(Paul and Palestinian Judaism)에서 샌더스는 문제는 수단 즉 율법을 행하는 행위가 아니고 이 수단이 잘못된 목표(그리스도 안의 구원이 아니라 율법에 기초한 의)로 이끄는 것이라고 주장한다.[10] 비록 이 주장을 최초로 제기한 사람은 아니지만, 샌더스는 불트만의 해석의 근저에 놓여있는 가정 즉 1세기의 유대교는 율법주의적인 행위-의(works-righteousness)의 종교였다는 가정에 대한 논박을 시도하면서 광범위한 자료를 제시한다.

샌더스는 빌립보서 3:9을 바울의 의는 "이동 용어"(transfer term)라는 그의 이해의 핵심 구절로 삼는다. 이처럼 그는 바울은 빌립보서 3:9에서 의 용어를 서로 다른 두 가지 의미로 사용하는 것 같다고 비어(F. W. Beare)가 제기했던 문제를 (비어와 상관없이) 파악해 낸다. 그는 빌립보서 3:2-3이 참 할례와 거짓 할례를 대립시키는 것처럼 빌립보서 3:9은 참 의와 거짓 의를 대립시킨다고 그리고 그 때 바울은 그가 사용하는 의의 의미의 이동을 인지하고 있다고 주장한다.[11]

이것에 근거해서 샌더스는 의는 율법의 행위에서 나지 않는다고 말하는 로마서와 갈라디아서의 모든 구절은 참된 종류의 의를 율법의 행위에서 나지 않고 오직 그리스도를 통하여 온다는 의미로 해석해야 한다고 주장한다.[12] 신앙으로 인한 의는 결국 그리스도에 참

NTS 28 (1981-82): 154-90.

10) *Paul and Palestinian Judaism*, p. 551.

11) 이와 비슷하게 보스(Johannes Sijko Vos)는 바울이 결합 또는 분리의 방법으로 용어의 의미를 변화시키기 위해서 당시의 유대와 헬라에서 사용되던 수사학적 도구를 종종 사용했다고 주장한다. 보스는 롬 3:27-31과 8:2을 예로 사용한다. Johannes Sijko Vos, "Legen statuimus. Rhetorische Aspekte der Gesetesdebatte zwischen Juden und Christen," *Juden und Christen in der Antike*, J. van Amersfoort and J. van Oort, eds. (Kampen: Kok, 1990), pp. 44-60, pp. 45-53.

12) *Paul and Palestinian Judaism*, p. 504.

여하는 데까지 이르게 된다.[13] 비록 바울이 "의 용어를 어떤 하나의 의미로 사용하지 않았더라도" 말이다.[14] 이것은 샌더스가 『바울과 랍비 유대교의 종교 유형들』(*Patterns of Religion in Paul and Rabbinic Judaism*)에서 바울에게 있어서 의의 "진짜"(real) 의미는 "생명"(life)라고 했던 (좀 더 근래에 실바도 제안했듯이) 이전의 입장을 수정한 것이다.[15] 이 수정은 지슬러(J. A. Ziesler)와 대화한 결과이다.

샌더스는 빌립보서 3:9의 "율법에 근거한 내 의"는 선한 행실에 근거한, 본질상 자랑하게 만드는 공적을 가리킨다는 관점을 비판한다.[16] 그에 의하면, 그런 관점은 빌립보서 3:9과 로마서 3:27; 4:2을 융합시킬 것과 자랑을 이스라엘의 특별한 지위에 대한 자랑이라기보다는 "개인적인 행위에 대한 자랑"으로 이해할 것을 요구한다. 게다가 이 관점은 바울이 밝히지 않은 두 가정을 요구한다. 즉 (1) 율법에 의한 의는 하나님에게 보상을 요구할 권리를 부여하는 공로의 성취이고, 따라서 은혜에 대한 거부이다. (2) 율법에 의한 의는 자명하게 나쁜 것이다. 게다가 바울은 유대교가 이런 상태를 자초했다고 고발하고 있다는 가정까지 해야만 한다.

샌더스는 빌립보서 3:3-11과 로마서 3:27; 4:2을 융합시킬 수도 있다는 것을 인정한다. 왜냐하면 빌립보서 3:3에 "육체에 대한 신뢰"라는 표현이 나오고, 바울은 이 신뢰가 부분적으로는 지위에, 부분적으로는 성취에 있다고 주장하기 때문이다. 이것은 바울이 유대교의

---

13) *Ibid.*, p. 506.
14) *Ibid.*, p. 495.
15) E. P. Sanders, "Patters of Religion in Paul and Rabbinic Judaism: A Holistic Method of Comparison," *HTR* 66 (1973): 455-78, pp. 470-71, 477-78; Moisés Silva, *Philippians*, WEC (Chicago: Moody, 1988), pp. 185-89.
16) *Paul, the Law and the Jewish People*, pp. 44-45.

자기 의의 태도를 고발하는 것이라고 말하는 것처럼 보일 수도 있다.[17] 만약에 유대교 문헌 자체가 유대교를 율법주의적인 자기 의의 종교로 드러낸다면, 이 인상은 더 확고해질 수 있다. 샌더스는 『바울과 팔레스타인 유대교』(Paul and Palestinian Judaism)에서 바로 이 견해에 대해서 강력하게 이의를 제기한다.[18] 이 견해는 또 자기 의에 대한 반대는 기독교 신앙의 일부이기 때문에 바울이 틀림없이 그것에 반대했다고 가정한다. 하지만 샌더스에 의하면, 빌립보서 3:9의 문맥은 이런 해석을 지지하지 않는다. "바울은 자랑하는 것이 나쁜 태도이기 때문에 지위와 성취를 자랑하는 것이 나쁘다고 말하는 것이 아니다. 그는 유익이던 것들을 자랑했다고 말한다. 그런데 그것들은 이제 해로운 것이 되었다. 왜냐하면 그의 흑백의 세계에서는 두 번째로 좋은 것은 없기 때문이다."[19] 바울이 이전의 삶을 비판하는 것은 그가 자기 의를 추구하는 태도를 갖고 있었다는 점이 아니라 그가 그리스도가 아닌 다른 것에 신뢰를 두었다는 점이다. 그래서 샌더스는 빌립보서 3:9의 "내 자신의 의"와 로마서 10:3의 "그들 자신의 의"는 동일한 것이라고 결론짓는다. 두 경우 다 율법을 행한 유대인에게 생긴 특이한 결과이다. 이것은 그 자체로서는 선한 일이지만, 그리스도를 믿음으로 오는 "하나님의 의"의 계시에 의해서 악한 것으로 보이게 된다.[20]

빌립보서 3:3-6에서 바울이 말하는 것은 그가 그의 출생과 열심을 "자랑했다"는 것이 아니라 그는 그것들에 의지할 수 있는 이유를 그의 적대자들보다 더 많이 가지고 있었다는 것을 감지하면, 샌더스의

---

17) 예를 들어 Victor Paul Furnish, *Theology and Ethics in Paul* (Nashville, Tenn./New York: Abingdon, 1968), pp. 137-38을 보라.
18 특히 pp. 419-23, 426-27, 550을 보라.
19) *Paul, the Law and the Jewish People*, pp. 44.
20) *Ibid.*, pp. 44-45. "Paul on the Law," pp. 78-79도 보라.

주장은 더 강화된다. "자랑하다"로 번역된 그리스 단어는 사람은 자기가 의지하는 것을 자랑한다는 정도에서 그것에 의지한다는 의미도 내포하고 있다.[21] "육체에 의지하는 것"이 반드시 교만한 태도는 물론이고 자랑하는 태도라고 생각할 필요는 없다.

3. 그리스도 율법의 끝: 쉥크, 바데나스, 라이트, 베히틀러, 에드가, 무, 피츠마이어

독일의 주석가 쉥크(Wolfgang Schenk)는 1984년의 빌립보서 주석에서 샌더스의 견해와 비슷한 주장을 한다. 쉥크는 빌립보서 3:6의 바울의 열심을 부정적으로 볼 필요가 없다는 것을 보여준다. 그는 '열심'이 언어학적으로 빌립보서 4:1의 "(굳게) 서라"(stēkete)는 명령형과 관련되어 있고 서로 같은 의미로 볼 수도 있다고 한다. 그는 '비느하스의 열심'이 그의 "굳게 서 있는 것"과 연결되어 있는 시락서 45:23과 비느하스가 이스라엘을 위해서 속죄해서 '하나님의 열심'(하나님의 형벌의 심판)을 그치게 했기 때문에 그의 열심을 칭찬하고 있는 민수기 25:10-13을 언급한다. 시편 105:30-31에서는 비느하스가 "우뚝 서 있다"는 것이 그에게 의로 여겨지고, 지혜서 5:17-18에서는 하나님의 열심이 하나님의 의와 연결되어 있다. 로마서 10:2에서는 이스라엘의 열심이 인정되고 있다. 이 열심은 교만과 연

---

21) Johannes P. Louw and Eugene A. Nida, *Greek-English Lexicon of the New Testament Based on Semantic Domains* 1 (New York: United Bible Societies, 1988); Rudolf Bultmann, "*kauchaomai*," *TWNT* 3, pp. 645-54, 특히 649-52; "*peitho*," *TDNT* 6, pp. 1-11, 특히 4-8; W. E. Vine, *An Expository Dictionary of New Testament Words* (Old Tappan, N. J.: Fleming H. Revell, 171966), pp. 135-36, 225.

관되어 있는 것이 아니라 무지하기 때문에 거짓 기초에 의지하고 있다.[22] 빌립보서 3:4-6의 바울의 자기 묘사는 형식적으로는 로마서 2:17-19에 나오는 유대교의 지혜교사의 자기 묘사와 비교될 수 있다. 하지만 바울의 주된 강조점은 (쉥크는 롬 2장에 그런 요소가 있다는 것을 부인하지 않지만) 유대인의 죄가 아니라 하나님의 은혜의 새로운 주도권이다. 로마서의 논증의 최종적인 목표는 그리스도는 새로운 모세가 아니라 새로운 아담이라는 것이다. 시내산 언약은 부활절 이후에는 시대착오적인 것이 되었다. 왜냐하면 부활사건에서 하나님은 새로운 창조를 시작하셨기 때문이다. 만약에 그리스도가 부활하지 않았다면, 회당의 길이 하나님에 의해서 제시된 유일한 길이었을 것이다.[23]

다른 곳에서[24] 쉥크는 빌립보서 3:6과 3:9에서 의라는 단어를 수식하는 전치사들 사이의 차이점을 언급한다. 3:6은 율법 안에(in) 있는 의에 대해서 말하는 반면에, 3:9은 율법으로부터 난(from, 근거를 두고 있다는 의미에서 based on) 의에 대해서 말한다. 3:6의 율법 안에(*en nomo*)는 3:3의 육체 안에(*en sarki*)와 연결되어 있다. 그렇지만 3:6에서 "행위-의"의 개념을 찾아내려는 것은 옳지 않다. 왜냐하면 이전에 건드리(Robert Gundry)가 지적했듯이 의롭다고 생각하는 것이 죄를 인식하는 것을 배제하는 것은 아니라는 증거가 쿰란 문서에 있기 때문이다.[25] 쉥크는 주로 샌더스에 의존하지만, 그는 베커

---

22) Wolfgang Schenk, *Die Philipperbriefe des Paulus* (Stuttgart/Berlin/Cologne/Mainz: W. Kohlhammer, 1984), pp. 280-81.
23) *Ibid.*, pp. 282-83.
24) *Ibid.*, pp. 309-11.
25) Schenk, *Die Philipperbriefe*, pp. 298-302. Robert H. Gundry, "The Moral Frustration of Paul Before His Conversion: Sexual Lust in Romans 7:7-25," *Pauline Studies: Essays Presented to Professor F. F. Burce on His 70th Birthday*, Donald A. Hagner and Murray J. Harris, eds. (Exeter/Grand Rapids, Mich.: Paternoster /Eerdmans, 1980), pp. 228-45, p. 234.

(Jürgen Becker),[26] 브라운(Herbert Braun),[27] 쉽하우스(Joachim Schüpphaus)[28]와 같은 학자에게서 샌더스의 주장과 일치하는 부분도 언급한다. 쉥크는 빌립보서 3:9이 삽입적인 성격을 띠고 있다는 데에 샌더스[29]와 의견을 같이 한다. 이 구절은 3:2의 공격과 그리스도인이 아니라 그들이 참 할례자라는 그들의 주장 때문에[30] 주로 구원론적이고 참여적인 용어로 기술된 문맥에 삽입되었다는 것이다.[31] 쉥크가 그의 논증을 뒷받침하기 위해서 또 다른 자료를 제공하기는 하지만, 빌립보서 3:9에 대한 그의 입장은 기본적으로 샌더스의 입장과 동일하다. 빌립보서 3:9에서 대립되는 것은 사람의 수고와 하나님의 은혜가 아니라 그리스도를 통해서 오는 의와 그렇지 않은 의라는 것이다. 율법이 갖고 있는 문제는 그것이 자랑스러운 자기 업적을 조장하는 것이 아니라 단순히 그것이 대체되었다는 점이다.

끝(telos)의 의미와 역사에 대한 폭넓은 연구 후에(1985) 바데나스(Robert Badenas)는 바울이 로마서 10:4에서 그리스도를 율법의 "끝"이라고 표현하는데, telos의 보다 일반적인 의미가 "목표"라는 점과 바로 앞 로마서 9:30-33의 문맥에 나오는 경주 이미지를 감안할 때, 그 "끝"의 의미는 "폐지"(termination)보다는 "목표"(goal)라는 결론을 내린다. 그래서 이곳의 율법은 도덕적 규정이라기보다는 신적 계시를 가리킨다.[32]

---

26) Jürgen Becker, *Das Heil Gottes*, SUNT 3 (Göttingen: Vandenhoeck & Ruprecht, 1964), p. 125.

27) Herbert Braun, *Gesammelte Studien zum Neuen Testament und seiner Umwelt*, 2nd, rev. ed. (Tübingen: J. C. B. Mohr, 1967), pp. 8-65.

28) Joachim Schüpphaus, *Die Psalmen Salomos*, ALGHJ 7 (Leiden: E. J. Brill, 1977), pp. 83-117, pp. 138-42.

29) *Paul and Palestinian Judaism*, p. 501.

30) 쉥크는 적대자들이 믿지 않는 유대인이라고 확신한다. 반면에 대부분의 학자는 빌립보에서 이방 그리스도인에게 할례를 부과하려고 노력하는 유대 그리스도인이라고 생각한다.

31) *Die Philipperbriefe*, p. 311.

32) Robert Badenas, *Christ the End of the Law: Romans 10:4 in Pauline*

라이트(N. T. Wright, 1992)도 바울의 그리스도와 율법에 대한 언급은 이스라엘의 하나님의 언약의 목적은 예수님의 죽음과 부활에서 최고점에 도달했다는 그의 믿음을 반영한다고 주장했다.[33] 베히틀러(Steven Richard Bechtler)도 보다 근래의 논문(1994)에서 비슷한 강조를 한다. 로마서 10:4에서 바울은 그리스도를 율법의 폐지가 아니라 목표로 정의한다는 것이다. 하나님은 토라(율법)가 이스라엘을 이 목표로 이끌어 가기를 기대하셨다. 베히틀러는 이스라엘의 잘못은 행위-의를 자랑하는 데에 있지 않고 그리스도에게로 인도하는 토라의 역할을 이해하지 못한 데에 있다고 강조한다. 그래서 그리스도를 거부하는 것은 토라를 성취하지 못하는 것을 의미한다.[34] 에드가(C. F. Edgar, 1996)의 주장도 율법은 그리스도를 가리키는 도구라는 것이다. 그는 서사비평적인 방법을 사용하여 로마서 9:30-10:4에 나오는 율법의 기능에 대한 바울의 이해를 살펴보고, 율법을 그리스도를 가리키는 도구로 보는 바울의 이해는 오경의 이해와 일관성을 보인다는 결론을 내린다.[35]

로마서 10:4의 *telos*의 의미가 "목표"냐 "폐지"의 문제에 대해서 많은 학자가 이것 또는 저것(either/or)이라는 태도를 취하는 반면에, 어떤 학자는 이 두 의미를 결합하려고 한다. 무(Douglas Moo, 1987)는 로마서 10:4의 *telos*의 의미에 대한 이전의 많은 연구를 살펴본 후에 이렇게 결론짓는다. "바울은 그리스도를 율법의 최종적인 목표로 내세우고 있고, 이제 이 목표가 성취되었기 때문에 율법은 어떤

Perspective, JSNTSup 10 (Sheffield: JSOT, 1985).

33) N. T. Wright, *The Climax of the Covenant: Christ and the Law in Pauline Theology* (Minneapolis, Minn.: Fortress, 1992).

34) Seven Richard Bechtler, "Christ the Telos of the Law: The Goal of Romans 10:4," *CBQ* 56 (1994): 288-308.

35) C. F. Edgar, "Paul and the Law: A Narrative Analysis of the Pentateuch and Its Significance for Understanding Romans 9:30-10:4," *SewTheolRev* 39 (1996): 269-84.

면에서든지 더는 적용될 수 없다고 주장하는 것이 석의적인 고찰과 바울의 율법에 대한 전반적인 이해 둘 다에 적합한 것이다."[36] "목표"를 선호하는 피츠마이어(Joseph A. Fitzmyer)는 그의 로마서 주석서에서 10:4을 논의할 때 이 입장을 취하는 학자를 간략하게 언급한다.[37]

4. 언약 지위의 포기: 레이제넨, 지슬러, 왓슨

핀란드 학자 레이제넨(Heikki Räisänen)은 빌립보서 3:9의 "율법에서 난 내 의"는 사람의 성취와 관련이 있다는 견해를 거부함으로써 샌더스의 흐름을 따른다. 1980년의 논문에서 레이제넨은 모든 관련 구절을 다루면서 불트만의 "사람의 성취" 해석을 반대하며 다음과 같이 결론을 짓는다.

> 바울은 빌립보서 3:9에서 그의 이전의 무흠을 정죄하지 않는다. 그는 그것을 "율법에 의하면" 무흠하다고, "율법에서 난 그 자신의 의"라고, 그리고 그리스도와 연합하는 것에 비하면 아무것도 아니라고 규명할 뿐이다. 이것은 고린도후서 3장에 나오는 사라지는 영광과 영원한 영광의 병치(juxtaposition)에 비교된다… 유대인은 구원이 그리스도를 믿음으로써가 아니라 율법을 지킴으로써 받을 수 있다고 생각하는 데서 잘못을 범한다. 악의 뿌리는 인간론적 실패가 아니라 기독론적 실패에 들어 있다… 바울은 유대교의 방식에

---

36) Douglas Moo, "Paul and the Law in the Last Ten Years," *SJT* 40 (1987): 287-307, pp. 302-304. 인용은 304.

37) Joseph A. Fitzmyer, *Romans: A New Traslation with Introduction and Commentary*, AB 33 (Doubleday: New York/London/Toronto/Sydney/Auckland, 1993), pp. 584-85.

서 자랑과 자기 의로 향하는 경향을 보았을 수도 있다. 하지만 이것은 근저에 놓여 있는 근본적인 잘못이 아니라 하나의 부산물이었다.[38]

레이제넨은 몇 년 후(1983)에 『바울과 율법』(Paul and the Law)에서도 비슷한 입장을 취한다.[39] 1987년의 논문에서는 바울이 빌립보서 3:4-6에서 열거한 "육체적" 유익 중에서 앞의 네 가지는 그 자신의 것이 아니라는 것을 밝힌다.[40] 또 "흠"이라는 표현이 자신의 공로를 자랑하는 태도를 가리킬 필요는 없다고 주장한다. 그것은 오히려 누가복음 1:6의 사가랴와 엘리사벳에 대한 묘사에서와 같은 기능을 한다. 즉 그것은 하나님의 율법이 요구하는 의무를 겸손하게 수행하는 경건한 사람을 묘사한다.[41] 그런데 레이제넨은 다른 곳에서는 빌립보서 3:6의 주장은 바울이 율법을 "완전하게" 지켰다는 것이라고 말하기도 한다.[42] 샌더스도 어떤 곳에서는 그런 의견을 갖고 있는 것으로 보인다.[43] "… 최소한 수사학적 목적에서라도 바울은 사람의

---

38) Heikki Räisänen, "Legalism and Salvation by the Law. Paul's portrayal of the Jewish religion as a historical and theological problem," Die Paulinische Literatur und Theologie/The Pauline Literature and Theology, Skandinavische Beiträge/Scandinavian Contributions, Teologiske Studier 7, Sigfred Petersen, ed. (Århus/Göttingen: Forlaget Aros/Vandenhoeck & Ruprecht, 1980), pp. 63-83, pp. 68-72, 인용은 71.

39) Heikki Räisänen, Paul and the Law, WUNT 29 (Tübingen: J. C. B. Mohr, 1983), 특히 pp. 162-77.

40) Heikki Räisänen, "Paul's Conversion and the Development of His View of the Law," NTS 33 (1987): 404-19, p. 408.

41) "Paul's Conversion," p. 408. 어거스틴도 경건한 유대인에게는 "흠이 없는"이라는 말이 반드시 "완전한"이라는 의미일 필요는 없다고 강조했다. Augustine, De peccatorum meritis et remissione et de baptismo parvulorum ad Marcellinum libri tres, CSEL 60, C. F. Urbe and Joseph Zycha, eds. (Vienna/Leipzig: Tempsky/Freytag, 1913), pp. 1-151.

42) Paul and the Law, p. 106.

43) Paul, the Law and the Jewish People, pp. 77, 78, 80.

무흠의 가능성을 고려할 수 있었다."[44]

레이제넨에 의하면, 빌립보서 3:4-8은 바울이 그리스도를 처음으로 만난 그 순간부터 무엇이든지 유대인과 이방인을 떼어놓는 것은 유익이 아니라 손해라고 여겼다는 것을 보여준다. 하지만 그는 종종 바울의 회심 경험에 있어서 (율법 행위에 의한 칭의와 믿음에 의한 칭의 사이의) 대립의 근거로 여겨지는 9절은[45] 바울의 경험에 대한 회상적인 해석일 것이라고 믿는다. 법적 용어 속에 웅크리고 있는 해석이 참여적 용어로 서술되는 그리스도인의 존재에 대한 묘사를 방해하는 9절의 "삽입적인" 특성이 이런 이해를 제시한다.[46] 그래서 "9절은 다메섹 경험의 중요성에 대한 또 다른 견해를 소개하는 것 같다."[47]

레이제넨은 그 즉시 9절은 회상적이라고 제안하지는 않지만, 그 절에 담겨 있는 사고의 경로를 숙고한다. 그는 두 의 사이의 긴장을 감지하고, "빌립보서 3:7ff에 의하면 바울이 포기한 것은 유대인으로서의 그의 모든 언약-지위(covenant-status)이다. 여기에는 이스라엘에게만 주어진 하나님의 선물에 대한 의지뿐만 아니라 자신의 순종으로 이 선물을 확증하는 것도 포함한다"고 주장한다.[48]

빌립보서 3:7ff에서 바울은 유대인으로서의 그의 언약-지위를 모

---

44) Ibid., p. 23. 근래에 여러 저자에 의해서 재언급된 어거스틴의 관점이 더 그럴 듯하다. 예를 들어 Frank Theilmann, *From Plight to Solution: A Jewish Framework for Understanding Paul's View of the Law in Galatians and Romans*, NovTSup 61 (Leiden/New York/Copenhagen/Cologne: E. J. Brill, 1989), pp. 28-45, 110을 보라.

45) 예를 들어 Seyoon Kim, *The Origin of Paul's Gospel*, WUNT 2/4 (Tübingen: J. C. B. Mohr, 1981), p. 287.

46) Räisänen, "Paul's Conversion," p. 409.

47) Ibid.

48) Ibid., pp. 409-10.

두 포기하고 있다는 견해는 왓슨(Francis Watson 1986)도 옹호한다.[49] 그는 이 문제를 다른 각도에서 다룬다. 그는 "유대교, 율법, 이방인에 대한 바울의 언급을 해석하는 출발점은 신학적이 아니라 사회학적이어야 한다. 만약에 우리가 바울에게 있어서 율법은 기본적으로 신학적이고 실존적인 문제였다고 미리 가정한다면, 우리는 이 주제에 대해서 무슨 말을 해야 하는지에 대해서 오해하게 될 것이다"라고 말한다.[50]

레이제넨은 바울이 여기에서 성서적인 언약을 포기하기는 하지만, "그는 이것이 그의 실제 입장이 암시하는 것이라는 것을 인정할 수는 없었다"고 주장한다. 레이제넨에 의하면, 로마서 9-10장과 빌립보서 3:9에서 바울은 양립할 수 없는 두 가지 확신을 함께 붙들려고 시도하는 불가능한 문제로 씨름하고 있다. 하나는 하나님은 이스라엘과 취소할 수 없는 언약을 맺으시고 그들에게 그들을 의로운 삶으로 초대하는 당신의 율법을 주셨다는 것이고, 다른 하나는 이 의는 예수님을 믿는 믿음에 근거를 두지 않기 때문에 참 의가 아니라는 것이다.[51]

샌더스도 이 모순을 주장했지만,[52] 레이제넨은 샌더스가 충분히 나아가지 않았다는 의견을 여러 곳에서 피력했다. "율법주의와 구원 Legalism and Salvation"(1981)에서 레이제넨은 "바울은 유대교의 율법의 역할을 오해했다기보다는 그로 하여금 율법을 폐위시키게 하는 새로운 관점을 얻었다"는 샌더스의 견해[53]는 옳지만, 그는 바울이 왜 율법을 잘못 전했느냐는 질문에 대해서는 아무런 대답도 하

---

49) Watson, *Paul, Judaism and the Gentiles*, p. 78.
50) Ibid., pp. 177-78.
51) "Paul's Conversion," p. 410.
52) *Paul, the Law and the Jewish People*, p. 198.
53) *Paul and Palestinian Judaism*, p. 496.

지 않는다고 지적한다.[54] 『바울과 율법』(*Paul and the Law*, 1983)에서 레이제넨은 바울은 직관적으로 또는 그리스도를 믿는 믿음 때문에 그리스도인의 자유 등에 대한 중요한 통찰을 얻게 되었지만, 그는 이 통찰들에 대한 논리적인 설명은 결코 할 수 없었다고 결론짓는다.[55] "바울의 회심 Paul's Conversion"(1987)에서는 좀 더 긍정적이다. 빌립보서 3:9은 회심 때에는 바울의 마음에 없었던 생각을 보여준다는 그의 가정에 근거해서,[56] 레이제넨은 율법에 대한 바울의 불만은 논쟁을 하면서 점차로 쌓여갔고 그가 종국에 취한 입장은 헬라파의 입장이었다고 제안한다.[57]

1989년의 로마서 주석서에서 지슬러는 분명하게 샌더스에게 동의한다. 로마서에서 "바울의 목표는 사람의 특히 유대인의 자기-의가 아니다."[58] 비교적 긴 서론에서[59] 지슬러는 로마서에서 율법이 차지하는 위치에 관해서 그의 주석에서 자세하게 다룬 석의의 결과를 개괄적으로 제시한다. 그는 의와 율법에 대한 각 구절을 이해하기 위한 최상의 배경으로서 이 편지 자체에게 우선권을 부여하고, *nomos*의 다양한 의미(토라, 율법, 원칙) 가운데 어떤 의미가 각 구절에서 가장 잘 어울리는지를 결정하기 위해서 모든 노력을 기울인다.

갈라디아서와는 상관없이 지슬러는 로마서가 율법에 관한 부정적인 언급에 대해서 두 가지 이유를 제시한다고 주장한다. (1) 하나님의 백성으로 받아들이는 것이 믿음에 근거해서 유대인과 이방인 둘 다에게 똑같이 가능하다면, 할례는 더 이상 그런 근거를 제공하지

---

54) "Legalism and Salvation," p. 77.
55) *Paul and the Law*, pp. 264-69, 특히 p. 268.
56) "Paul's Conversion," p. 410.
57) *Ibid.*, pp. 410-16.
58) *Paul's Letter to the Romans*, p. 2.
59) *Ibid.*, pp. 39-52.

않는다. 그리고 할례는 토라 아래의 삶의 표식이기 때문에 토라 순종은 더 이상 하나님의 백성의 구별된 표지로 여길 수 없다. (2) 의의 기준인 예수 그리스도에 대한 믿음은 토라 순종을 포함하여 다른 모든 기준을 배제시킨다. 이스라엘은 하나님의 백성으로 부름을 받았지만, 이것은 율법을 지키는 문제가 아니라 언제나 부름과 약속의 문제였다. 그럼에도 불구하고 바울은 그리스도인들이 하나님의 백성으로서 살(live) 의무가 있다고 믿었다는 것 또한 분명하다. "… 비록 그리스도인이 기록된 토라를 그 자체로 그리고 전체적으로 지켜야 하는 것은 아니지만, 하나님의 기본적인 뜻은 분명히 지켜야 한다. 이 뜻에는 탐심을 금하는 금령과 사랑을 명하는 계명 등과 같은 것이 포함된다."[60] "요약해서" 지슬러는 다음과 같이 결론짓는다.

> 율법에 대한 바울의 언급은 문제가 많고 서로 조화시키기가 어렵다. 여기에서 제안한 해석이 모든 문제를 해결한다고 주장하는 것은 성급한 짓이다. 아마 그럴 수 있는 해석은 없을 것이다. 바울 스스로도 이 모든 문제를 해결하지 못했다고 의심하더라도 우리는 용서 받을 것이다. 그럼에도 불구하고 지금 제시하는 주장은 바울은 로마서에서 율법을 구원의 수단으로서도 하나님 아래에서의 삶의 결정적인 인도로서도 더 강력하고 더 일관성 있게 거부한다는 것이다.[61]

빌립보서 3:9에 대한 "기독론적" 해석의 지지자가 "행위-의"를 1세기 유대교의 보편적인 특성으로 가정하는 잘못과 바울이 여기에서 이런 개념을 언급하고 있다는 가정을 뒷받침할 본문의 부족을

---

60) Ibid., pp. 49-50. 인용은 50.
61) Ibid., p. 50.

밝혀내는 데는 성공했지만, 기독론적 설명이 모든 해석의 문제를 해결하지는 못한다. "율법이 갖고 있는 문제는 무엇인가?"에 대한 왓슨(F. Watson)의 대답은 율법, 행위, 은혜, 믿음 등의 주제에 대한 바울의 모든 이론적인 논의는 율법을 지키지 않는, 분리주의적인 이방 그리스도인 공동체의 사회적인 실재를 합법화하려는 시도로 간주되어야 한다는 것이다.[62] 바울은 먼저 유대인에게 설교했지만, 실패하자 이방인에게로 갔다. 그들이 보다 쉽게 기독교를 받아들이도록 하기 위해서 그는 유대교의 율법을 폐기했다.[63] 따라서 만약에 율법에 관한 바울의 언급에서 일관성을 찾고 싶으면, "이론적인 차원이 아니라 실제적인 전략의 차원에서" 찾아야 한다.[64] 샌더스와는 달리, 왓슨은 비록 바울이 기독교를 세계 종교로 바꿀 수는 있었지만, 그래서 보편성을 얻었지만, 이것은 바울이 의도했던 것이 아니라고 주장한다. "어떤 면에서는 바울이 유대인과 이방인 사이의 장벽을 무너뜨리려고 한 것이 사실이지만, 그가 그렇게 한 것은 단지 배타성(exclusiveness)을 새로운 형태로 다시 세우기 위해서였다."[65]

왓슨의 견해가 갖고 있는 중요한 문제는 바울이 애초에 왜 기독교로 돌아섰는지를 설명하지 않는다는 것이다. 이 질문은 신학적인 관점에서 대답할 필요가 있다. 많은 학자가 왓슨의 견해를 다양하게 비판했다. 캠벨(W. S. Campbell)은 1989년의 논문에서 바울이 정말로 회당과의 결별을 주창했는지를 묻는다.[66] 슈라이너(Thomas R. Schreiner)는 왓슨의 관점에 흠이 있다고 비판한다.

---

62) *Paul, Judaism and the Gentiles*, p. 178.
63) *Ibid.*, pp. 31-36.
64) *Ibid.*, p. 22.
65) *Ibid.*, pp. 20-21.
66) W. S. Campbell, "Did Paul Advocate Separation from the Synagogue? A Reaction to Francis Watson: *Paul, Judaism and the Gentiles: A Sociological Approach*," SJT 42 (1989): 457-67.

… 그것은 신학과 사회학을 너무 깔끔하게 분리하기 때문이다. 사회적인 요인만이 율법과 유대인-이방인 문제에 대한 바울의 관점을 형성하는 결정적인 근거라고 결론내리는 것은 너무 단순하다. 이것은 환원적인 추론의 전형이다… 신학자 바울을 제거하지 않는다는 그의 주장에도 불구하고, 왓슨에게서 바울의 신학은 하찮은 수준으로 격하되었다. 왓슨에 의하면, 이방인도 포함시키려는 바울의 주장은 단지 그가 증명하려고 했던 것을 합리화시키는 것일 뿐이다… 이방인을 하나님의 백성에 포함시키는 것은 의는 율법을 지킴으로써 오지 않는다는 바울의 주장과 분리될 수 없다. 이 두 이슈는 서로 얽혀있어서 바울의 저술에 무리를 가하지 않고서는 서로 분리될 수 없다.[67]

같은 이유로 슈라이너는 바울 편지들에서 *nomos*의 의미를 결정하기 위해서 사전적인 의미론의 방법론을 사용하는 1992년의 윙어(Michael Winger)의 연구를 비판했다.[68] 윙어는 바울의 율법의 신적인 기원을 계속 축소시키고, 율법을 사회학적인 범주로 격하시키고, 바울에게서 *nomos*의 신학적인 차원을 실제적으로 제거한다는 것이다.[69]

---

67) Thomas R. Schreiner, "'Works of law' in Paul," *NovT* 33 (1991): 217-44, pp. 237-38.
68) Michael Winger, *By What Law? The Meaning of Nomos in the Letters of Paul*, SBLDS 128 (Atlanta, Ga.: Scholars, 1992).
69) *Ibid.*, pp. 99, 111-12, 123, 153, 167, 199, 201. 윙어에 대한 슈라이너의 서평에서 인용한다. Thomas R. Schreiner, Review of Michael Winger, *By What Law? The Meaning of Nomos in the Letters of Paul*, *JBL* 112 (1993): 724-26.

5. 갈라디아서의 신학적 가치: 프랭크 마테라

1992년의 갈라디아서 주석서의 서론과 관련 부분에서 마테라(Frank Matera)는 특히 갈라디아서에서의 바울의 율법관의 문제를 논의한다.[70] 그는 갈라디아서는 율법주의, 의, 개인적 구원보다는 오히려 이스라엘의 완전한 일원(a full member)이 되기 위해서 율법을 지키고 적절한 문화적인 행위(appropriate cultural behavior)를 하는 것을 다룬다고 주장하면서 그의 논의를 시작한다.[71] 슈텐달, 샌더스, 던, 왓슨을 언급하면서, 마테라는 갈라디아서의 문제는 "예수님을 메시아로 믿는 이스라엘의 완전한 일원으로 인정받기 원하는 이방 그리스도인에게 요구되는 가입 조건(entrance requirements)이 무엇이냐?"라는 것이라고 재론한다. 할례를 받고 음식 규정을 지키고 유대교의 종교력을 따라야 하는가 아니면 "이런 모세의 율법을 지키는 것과는 상관없이 그리스도를 믿는 믿음에 근거해서 교회의 완전한 일원으로 인정받는 것이 가능한가?"[72]

마테라는 "유대교도 다른 종교와 마찬가지로 율법주의적인 측면을 갖고 있다"고 인정한다.[73] 하지만 1세기의 유대교를 하나님 앞에서 의를 얻기 위해 율법 행위로 공적을 쌓도록 부추기는 율법주의적인 종교를 보는 것은 잘못이라고 주장한다. 유대교는 오히려 하나님이 이스라엘과 맺은 언약의 은혜로운 측면에 집중했다. "율법 행위"는 한 사람의 지위를 하나님의 언약 백성 안에 유지하는 수단이었지, 개인적인 구원을 보장하는 수단이 아니었다. 이처럼 마테라는

---

70) Frank J. Matera, *Galatians*, Sacra Pagina 9 (Collegeville, Minn.: Liturgical Press, 1992).
71) *Ibid.*, p. 11.
72) *Ibid.*, p. 29.
73) *Ibid.*, p. 30.

갈라디아서가 어떤 점에서는 율법주의에 관한 편지라는 것을 기꺼이 인정하면서도 "바울이 반대하는 율법주의는 율법주의적 도덕이라기보다는 문화적 주도권이다"고 주장한다. 하나님은 메시아를 언약 백성에게 보내셨기 때문에 "적대자들"은 이방 개종자에게 할례, 음식 규정, 안식일 준수 등과 같은 율법 행위를 하라고 요구하는 것이 합리적이라고 여겼을 것이다. 그 율법 행위가 그들의 언약 백성에의 가입과 그 언약 관계의 유지를 보장한다고 여겼을 것이다.[74]

여기에서 마테라는 왓슨이 대답하지 않고 남겨둔 질문을 다룬다. "이것이 갈라디아서에 대한 새로운 해석이라면, 이 편지는 어떤 신학적인 가치를 갖는가?"[75] 이 질문에 대답하기 위해서 마테라는 석의에서 상세하게 다룰 다섯 개의 명제를 제안한다.

(1) 이신칭의 교리를 버리지 말고 새로 이해할 필요가 있다.

마테라는 줄곧 바울의 칭의 이해는 당대의 사회적이고 일반적인 차원을 갖고 있다고 주장한다. 바울은 자신의 관습과 습관을 이방인 소수에게 부과하려는 문화적인 헤게모니와 맞서 싸웠다. 오늘날에는 그 소수가 힘 있는 다수가 돼서 종종 똑같은 일을 하려고 한다. 예를 들어, 스페인계 가톨릭 신자는 미국 가톨릭교회에서 완전한 일원의 권리를 누리려면 미국화되라는(become Americanized) - 강요는 아니더라도 - 요구를 종종 받는다. 하지만 바울은 그런 문화적인 동화는 복음의 필수 조건이 아니라고 주장할 것이다. "교회의 완전한 일원에게 본질적인 것은 예수 그리스도의 믿음과 그리스도에 대한 믿음이다. 문화적이고 민족적인 차이는 상관없는 일이다."[76]

---

74) *Ibid.*, pp. 29-30.
75) *Ibid.*, p. 30.
76) *Ibid.*, p. 31.

(2) 칭의의 사회적인 차원이 칭의의 개인적인(personal) 차원을 없애는 것은 아니다.

이전에는 서로 다투던 사람의 공동체에서 새로운 관계의 가능성이 열린 것은 각 개인에게 어떤 일이 있어났기 때문이다. 그리스도가 우리를 위해서 죽으셨기 때문에 우리는 모두 하나님 앞에서 동등하다.

(3) 칭의는 "그리스도 안에" 있는 것을 의미한다.

바울은 이방인이 아브라함의 유일한 후손인 그리스도에게 속해 있기 때문에 그들은 "아브라함의 씨"라고 주장한다. 세례를 통해서 그리스도 안으로 들어가면, 민족, 계급, 성의 차별이 말소된다. 모든 차별적인 것이 말소된다. 칭의는 율법의 영역에서 성령 안의 삶인 그리스도의 영역으로 옮겨지는 것과 관련돼 있다. 문화적인 차이를 사소한 것으로 만드는, 그래서 유대인과 이방인의 사이의 근본적인 동등성(equality)을 성취하는 것은 바로 이 "그리스도 안에" 있는 것인 칭의의 측면이다.

(4) 의롭다고 인정을 받은 사람(the justified)은 성령을 따라서 산다.

도덕적이고 윤리적인 삶을 사는 것과 믿음으로 의롭다고 인정을 받는 것 사이에는 아무런 모순도 없다. 바울은 윤리적이고 도덕적인 행동을 기대하고, 이방 개종자에게 모세 율법의 도덕적인 요구를 면제해 주기를 거부하고, 율법은 사랑의 계명을 통하여 성취된다고 주장한다. 바울과 대적자의 차이는 대적자가 갈라디아인에게 율법의 영역에서 살라고 하는 반면에 바울은 그들에게 성령을 따라서 살라고 하는 것이다.

(5) 갈라디아서에서 바울이 논쟁하는 대상은 그의 동료 유대 그리스도인이다.

마테라는 바울이 갈라디아서에서 논쟁하는 대상은 유대교가 아니라 그의 동료 유대 그리스도인의 유대화 전략이라고 믿는다. 그가 마음에 두고 있는 청중은 주로 이방인이다. 그는 특수한 상황에 반응하고 있다. 현대 그리스도인은 이 편지를 유대교에 대한 논쟁으로 보기보다는 여전히 그 안에서 발견할 수 있는 영적 영양분을 찾는 것이 더 좋을 것이다.[77]

6. 비일관성의 도깨비

샌더스는 바울이 때때로 율법을 잘못 제시하는 것처럼 보이는 것에 대해서 아무런 설명도 하지 않는다는 레이제넨의 비판은 다소 과장된 것 같다. 그리고 레이제넨은 바울의 비일관성에 대한 그의 이전의 입장을 어느 정도 수정했다. 하지만 샌더스도 레이제넨도 바울이 왜 그렇게 명백하게 모순적인지에 대해서 전적으로 만족스러운 설명을 해 주지 못한다. 레이제넨의 이전 입장은 바울을 아주 비일관적으로 만들고, 바울의 율법관은 논쟁의 상황에서 점차적으로 변화되었다는 그의 좀 더 근래의 제안은 율법에 대한 긍정적인 진술과 부정적인 진술이 한 편지에서 동시에 나타나는 현상을 충분히 설명해 주지 못한다. 많은 학자 가운데, 크랜필드(C. E. B. Cranfield)는 레이제넨이 바울에게서 가정하는 비일관성에 대한 언급을 비판한다.[78] 웨스터홀름(Stephen Westerholm)은 레이제넨의 견해를 검토

---

77) *Ibid.*, pp. 31-32.
78) C. E. B. Cranfield, "Giving a Dog a Bad Name: A Note on H. Räisänen's Paul and the Law," *JSNT* 38 (1990): 77-85.

하고 나서 "이 시점에서 독자는 바울처럼 합리적이고 지성적인 사람이 어떻게 일생의 짧은 시간에 그렇게 많은 부분에서 자기 자신에게 모순될 수 있었는지를 묻고 싶어질 것이다"라고 말한다.[79] 이와 비슷하게 실바(M. Silva)도 "이른 바 그 모순들 중의 어떤 것들은 사도적인 교훈의 권위에 대해서뿐만 아니라 바울의 기본적인 지성에 대해서도 의문을 불러일으킨다"고 지적한다.[80]

샌더스는 최소한 바울이 율법에 대한 자신의 생각을 바꾼 것은 그리스도와의 만남이라는 압도적인 경험 때문이라는 암시를 준다. 하지만 이것은 우리에게 그리스도가 바울에게 준 충격이 워낙 강력해서 바울은 그리스도의 절대적인 주권을 위협하는 것으로 보이는 주장은 단 하나도 할 수 없었다는 또는 하려고 하지 않았다는 인상이 계속 남아있게 한다. 설령 그것이 그로 하여금 비일관적인 진술을 하게 만들더라도 말이다. 이런 해결책은 바울을 그는 그리스도의 구원의 중요성을 해석하는데 있어서 극단적으로 주관적이라는 비난에 내어주는 것 같다.

이탈리아 학자 펜나(Romano Penna)는 레이제넨이 제기한 바울의 율법관의 비일관성에 대한 비난을 다소 제한한다. 그는 그를 "긴장과 모순을 열정적으로 강조하는 사람으로" 묘사한다.[81] "이 이슈에 대한 바울의 사고는 복잡하고 아마도 절대로 참된 논리적인 성숙에 도달하지 못했을 것이다"고 선언하면서도 펜나는 제이제넨의 "두 번째 합리화" 이론은 그의 전제를 앞지르는 것처럼 보인다고 주장

---

79) *Israel's Law*, p. 100.

80) Moisés Silva, *Explorations in Exegetical Method: Galatians as a Test Case* (Grand Rapids, Mich.: Baker, 1996), p. 143.

81) Romano Penna, *Paul the Apostle, Volume 2: Wisdom and Folly of the Cross*, Thomas P. Wahl, trans. (Collegeville, Minn.: Liturgical Pres, 1996), p. 137. 원제는 *L'apostolo Paolo: Studi di esegesi e teologia* (Turin: Edizioni Paolini, 1991).

한다.[82] 그는 바울은 율법에 대한 그리스도의 우위성을 강조함에 있어서 해결책에서 문제로 나아가면서 논쟁한다는 샌더스와 의견을 같이하면서도, 펜나는 "해결책에서 문제로"의 측면을 바울이 그리스도 밖에 있는 인류를 심판하는 방법보다는 오히려 바울의 인격적인 경험(personal experience)에 한정시킨다.[83] 펜나는 또 바울이 당대 유대인의 율법 이해를 의도적으로 잘못 해석했다는 비난도 제한한다. 바울이 당대 유대인의 견해를 왜곡시켰다기보다는 토라를 "율법"으로 축소하는 것이라고 비판했다는 것이다. 이런 축소는 언약, 약속, 복음으로서의 토라의 전형적이고 유대적인 결합을 무시한다.[84] 펜나에 의하면, 바울이 한 일은 고대의 유대적인 율법 이해를 취하고 보존하는 것이다. 유일한 차이점은 이제 그것은 그리스도에게로 옮겨졌다는 것이다. 그 결과 하나님께로 가는 보편적인 접근은 더 이상 율법이 아니라 그리스도가 중재한다.[85] 바울은 이것을 율법을 신적 지혜와 분리시키고, 십자가에 못 박힌 그리스도를 신적 지혜와 일치시키는 방법으로 해 냈다.[86] 이 지혜와 결합된 것의 이동은 전에 샌더스가 밝힌 바울의 의(dikaiosynē, righteousness)의 의미의 이동과 비슷하다.

7. 요약

샌더스의 여러 측면에 의문이 제기되었더라도, 루터적인 바울 해석에 대한 그의 도전은 전반적으로 여전히 상당한 영향력을 행사하

---

82) *Ibid.*
83) *Ibid.*, p. 127, 특히 n. 43.
84) *Ibid.*, p. 118.
85) *Ibid.*, p. 127.
86) *Ibid.*, pp. 135-62.

고 있다. 하지만 그는 바울이 당시의 유대교에 대해서 왜곡된 이미지를 갖고 있지 않았다는 것을 모든 학자들에게 확신시키지는 못했다. 건드리(R. H. Gundry)는 『바울과 율법과 유대민족』(Paul, the Law and the Jewish People)을 중심으로 샌더스를 비판하면서 바울은 유대교를 행위-의의 종교로 인식했다고 결론짓지만,[87] 그의 논증은 별로 설득력이 없다. 그는 샌더스가 랍비 유대교의 공적 용어를 "권면적인 언어"라고 너무 쉽고 교묘한 설명으로 피해간다고 비난한다.[88] 하지만 건드리도 그들의 행위로 인해서 심판을 받는 사람에 대한 바울의 진술을 비슷하게 "교묘한 설명으로 피해가는" 것 같다.[89] 샌더스에 대한 보다 균형 잡힌 비판은 후커(Morna D. Hooker)[90]와 콜린스(John J. Collins)[91]에 의해서 이루어진다.

---

[87] R. H. Gundry, "Grace, Works, and Staying Saved in Paul," Bib 66 (1985): 1-38.
[88] Ibid., p. 36.
[89] Ibid., p. 35.
[90] Morna D. Hooker, "Paul and 'covenantal nomism,'" Paul and Paulinism: Essays in Honor of C. K. Barrett, Morna D. Hooker and S. G. Wilson, eds. (London: SPCK, 1982), pp. 47-56.
[91] John J. Collins, Between Athens and Jerusalem: Jewish Identity in the Hellenistic Diaspora (New York: Crossroad, 1986).

제 3 장
율법은 제한적이다

이 장에서 다루는 학자는 어느 정도는 1973년의 콜린지(Jean-François Collange)의 의견을 반영한다. 그는 율법이 갖고 있는 문제는 그것이 구원의 수단으로 여겨지게 되고 하나님의 자리를 차지하게 되는 것이라고 제안한다.[1] 그래서 문제는 율법 자체가 아니라 율법에 대한 잘못된 인식에, 이 경우에는 우상숭배적인 인식에 있는 것으로 보인다. 어거스틴(Augustine)도 빌립보서 3:8-9에서 바울이 거부하는 것은 율법이 아니라 육적인 태도라고 주장하는 점에서 이와 비슷한 견해를 가졌다. 어거스틴은 이 태도의 궁극적인 근원은 올바른 이해의 결핍이라고 보았고, 바울은 유대교 성경의 지혜도 예

---

1) Jean-François Collange, *L'épître de Saint Paul aux Philippiens*, CNT 10a (Neuchâtel: Delachaux & Niestlé, 1973), p. 115. ET, *The Epistle of Saint Paul to the Philippians*, A. W. Heathcote, trans. (London: Epworth, 1979), p. 130.

언적인 섭리(prophetic dispensation)도 거부하지 않았다고 주장했다.[2] 펠라기우스(Pelagius)와 논쟁하면서 쓴 은혜와 원죄에 대한 글에서 어거스틴은 펠라기우스의 추종자를, 그들은 성경에 나오는 하나님으로부터 오는 의를 "인식할" 수 있었어야 했다고 평가하면서, "하나님의 의를 모르는 자"로 지칭한다.[3]

1. 질문: 크리스티안 베커

베커(J. Christiaan Beker)는 샌더스(E. P. Sanders)의 연구가 유대교를 열등하고 율법주의적인 것으로 평가절하하는 것을 막는 데에 유용했다고 보는 많은 현대 주석가에 동의하면서 또한 몇 가지 질문을 제기한다.

> 이 평화로운 방법을 취한 대가로 우리는 바울의 이해에 핵심적인 질문을 제기하는 데에 방해를 받았다. 바리새인 바울과 그리스도인 바울의 공유영역(interface)은 무엇이었는가? 왜 그리스도 현현(Christophany)이 그의 삶에 그런 위기를, 그의 이전의 충성을 완전히 뒤엎고 그의 형제 유대 그리스도인과도 상당히 다른 율법관을 자극하는 그런 위기를 초래했는가?[4]

---

2) 예를 들어, "Contra Secundinum Manichaeum," *Six traités antiManichéens*, BA: OSA 2/17, R. Jolivet and M. Jourjon, eds. and trans. (Paris: Desclée de Brouwer, 1961), pp. 510-633.

3) Augustine, "De gratia Christi et de peccato Originali," *La crise Pélagienne* II, BA: OSA 3/22, J. Plagnieux and F.-J. Thonnard, eds. and trans. (Paris: Desclée de Brouwer, 1975), pp. 9-269, p. 138.

4) Beker, *Paul the Apostle*, pp. 237-38.

샌더스와 마찬가지로 베커도 유대교를 평가절하하지 않는데 관심을 기울인다. 베커에 따르면, 바울은 그리스도를 율법의 성취인 동시에 율법의 끝으로 본다.[5] "그[바울]는 그리스도가 유대교의 종교적인 탐구에 대한 놀라운 대답이라고 믿는다."[6] "바울은 토라를 오해하는지도 모른다. 하지만 이후의 그리스도인들과는 달리 그는 그것을 아무런 계시적인 지위를 안 갖고 있는 민족적인 독특성과 문화적인 관습의 용어로 다루지 않는다… 바울은 이스라엘의 하나님 추구를 오해하는 지도 모른다. 하지만 그는 이스라엘을 결코 상징적인 의미로 해석하지 않는다."[7] 베커는 바울은 그리스도인이 된 후에도 자신이 여전히 유대인으로 남아있다고 믿었지만, 유대교를 오해했다고 본다. 이 점에서 그는 바로 다음에 다룰 학자들과 차이를 보인다. 그들은 바울이 토라나 이스라엘의 하나님 추구를 오해했다는 말에 동의하지 않는다. 베커는 바울이 유대교와 결별했다고 생각하는 것 같다. 그는 다음과 같이 질문한다.

> 바울은 그의 토라에 관한 교훈에서 출애굽-시내산 사건과 메시아 시대 사이의 연결을 끊어버리지 않았는가? 그래서 유대교의 진수(the inmost heart)를 배반하지 않았는가? 무엇보다도, "십자가에서 죽임을 당한 메시아"와 그의 부활이 어느 정도로 세계의 역사를 제한하고 근본적으로 새로운 어떤 것을 시작했는가? … 유대인은 "세상이 이렇게 악한데, 메시아는 왜 오지 않는가?"라고 묻는다. 그리스도인은 "만약에 메시아가 왔다면, 왜 세상은 여전히 이렇게 악한가?"라는 질문에 직면하게 된다. 하지만 아마도 더 곤란

---

5) *Ibid.*, pp. 242-43.
6) *Ibid.*, p. 341.
7) *Ibid.*, p. 344. 전체 논의를 위해서는 pp. 340-47을 보라.

한 질문은 "어떻게 하나님은 이렇게 악하고 완고해서 그의 소중한 사랑을 십자가에 못 박는 세상을 사랑하실 수 있는가?"라는 것이다… 이런 질문을 중심으로 대화를 계속해야 한다.[8]

2. 정체성 표지(identity markers) : 제임스 던

베커는 샌더스, 레이제넨, 왓슨이 다루지 않은 문제를 다룬다. 바리새인 바울과 그리스도인 바울의 공유영역은 무엇이었는가? 그리스도 현현은 왜 바울의 가치를 뒤엎었는가? 이 질문에 대답하려는 최근의 시도에 의하면, 그의 그리스도 경험의 빛 아래 바울은 할례와 음식 규정 같은 민족적인 정체성 표지(ethnic identity markers)를 많이 강조하는 유대교의 한 형태에서 구원은 보편적으로 유용하다고 보는 다른 형태로 옮겨갔다. 이 입장과 관련하여 가장 유명한 학자는 던(James D. G. Dunn)이지만, 구원의 유용성에 관한 한 율법은 제한적이라는 주장은 이미 그 전에 하워드(George Howard, 1969)에 의해서 제기되었다. 비록 그는 "정체성 표지"에 특별한 관심을 기울이지는 않았지만 말이다.

하워드는 율법에 대한 바울의 언급은 그의 이방 선교 사역을 배경으로 이해되어야 한다고 주장한다. 그는 로마서 10:4("그리스도는 율법의 끝이다. 그래서 모든 믿는 사람은 의롭게 될 것이다")을 창세기 12:3("네[아브라함] 안에서 모든 민족이 복을 받을 것이다")을 인용하는 갈라디아서 3:8의 견지에서 해석하면서, 바울은 율법의 목표를 모든 민족이 아브라함의 하나님 아래에서 궁극적인 연합을 이

---

8) *Ibid.*, p. 347.

루는 것으로 이해한다고 주장한다.[9] 율법이 갖고 있는 문제는 그것이 유대인과 이방인을 갈라놓음으로써 모든 민족의 최종적인 통합을 방해하는 경향이 있다는 것이다. 예수님의 죽음은 율법의 이 "폭정"을 종식시키고 이방인도 유대인과 동등하게 아브라함의 복에 참여케 한다.[10]

하워드와 왓슨처럼 던도 바울의 율법 이해에 빛을 던져주는 사회학적인 요소에 주의를 기울인다. 하지만 왓슨과는 달리 그는 신학적인 요소들과 사회학적인 요소들 사이의 대립을 주장하지도 않고, 바울의 율법 이해가 갖고 있는 절망적인 비일관성에 대해서 참을성을 보여주지도 않는다. 던은 샌더스[11]와 레이제넨(H. Räisänen)[12]이 바울의 그런 비일관성을 기꺼이 수용하려 한다고 혹독하게 비판했다. "… 물론 그런 설명도… 원칙적으로 배제되어서는 안 된다. 하지만 본문을 이해하는 방법으로서는 그것들은 가장 마지막에 취할 가정으로 여겨야 한다. 본문을 추리에 근거해서 수정하는 것은 그것들보다 더 나쁘다."[13]

레이제넨은 1985년에 『신약성서연구』(New Tetament Studies)에 게재한 논문에서 샌더스를 던의 비판에서 보호하려고 했다.[14] 레이제넨은 바울과 유대교 사이에는 극단적인 단절이 있다고 주장한다. 하지만 바울이 이 단절을 초래한 움직임을 먼저 시작하지는 않았다고

---

9) George Howard, "Christ the End of the Law," *JBL* 88 (1969): 331-37.
10) George Howard, "Romans 3:21-31 and the Inclusion of the Gentiles," *HTR* 63 (1970): 23-33. 그의 *Paul: Crisis in Galatia*, SNTSMS 35 (Cambridge: University Press, 1979), pp. 46-65도 보라.
11) Dunn, "The New Perspective on Paul."
12) James D. G. Dunn, "Works of the Law and the Curse of the Law (Galatians 3:10-14)," *NTS* 31 (1985): 523-42.
13) *Ibid.*, p. 523.
14) "Galatians 2,16 and Paul's Break with Judaism," *NTS* 31 (1985): 543-553.

덧붙인다. 하지만 던은 바울이 모순적이라고 너무 쉽게 결론내리기 전에, 바울이 직면하고 있는 상황의 복합성(complexity of the situations)을 고려할 필요가 있다고 주장한다. 그에 의하면, 바울이 갈라디아서에서 맞서 싸우는 대상은 율법에 대한 잘못된 태도이다. 그런 태도는 유대인을 오직 그들만의 것인 집단적인 의(collective righteousness)를 소유하고 있는 선택받은 백성이라고 사회적으로 규정하는 율법의 역할을 강조한다.15) 던에 의하면, 갈라디아서의 배경은 "바울은 그의 독자가 율법 행위를 할례와 음식 규정 등과 같은 특별한 율법 준수로 이해하게 하려고 했다"는 것을16) 즉 민족으로서의 이스라엘을 하나님을 알지 못하는 민족과 분리시키는 "정체성 표지"로 이해하게 하려고 했다는 것을 암시한다.17)

이렇듯 율법에 문제가 있는 것이 아니다. 바울이 비판하는 것은 오히려 율법에 대한 잘못된 태도이다. 이 태도는 배타주의(exclusivism)로 이어진다. 유대인 학자 시걸(Alan F. Segal)은 보통은 "율법의 행위"로 번역되는 *erga nomou*를 "율법의 봉사"(service of the Law)로 번역하는 던의 견해를 지지한다.18) 반면에 피즈마이어(Joseph Fitzmyer)는 던의 해석을 비판한다.19)

---

15) "Works of the Law," 특히 p. 530. 또 "The New Perspective on Paul"과 "The Incident at Antioch," *JSNT* 18 (1983): 2-57도 보라.

16) "The New Perspective on Paul," p. 107.

17) 이 점에 관한 던의 입장은 4세기의 라틴 바울 주석가의 위명인 암브로시아스터(Ambrosiaster)의 견해와 비슷하다. 그는 유대교의 "제의적인"(ritual) 또는 "의식적인"(ceremonial) 율법과 "도덕적인 율법" 사이를 구분해야 한다고 주장했다. Alexander Souter, *The Earliest Latin Commentaries on the Epistles of St. Paul* (Oxford: Clarendon, 1927), pp. 80-81을 보라. 또 Robert B. Eno, "Some Patristic Views on the Relationship of Faith & Works in Justification," *RAug* 19 (1984): 3-27, pp. 8-10과 Charles P. Carlson, Jr., *Justification in Earlier Medieval Theology* (The Hague: Martin Nijhoff, 1975), p. 19.

18) Alan F. Segal, *Paul the Convert: The Apostolate and Apostasy of Paul the Pharisee* (New Haven, Conn./London: Yale University, 1990), pp. 124, 333, n.13.

3. 던에 대한 도전: 캠벨, 틸만, 펜나

캠벨(D. A. Campbell)은 경고한다. 바울의 *pistis*(믿음)과 *nomos*(율법)에 대한 언어학적이고 구조주의적인 연구에서 그는 *pistis*와 *Christos*(그리스도)를 결합하는 바울의 소유격 표현은 하박국 2:4과 관련해서 가장 잘 이해된다고 주장한다. *pistis* 용례의 의미가 *nomos* 용례의 의미보다 더 근본적이다. 후자는 자신의 내용이나 내적 논리에서보다는 오히려 전자와의 대립적인 관계에서 자신의 의미를 얻게 되는 것 같다. 율법과 행위를 가리키는 바울의 모든 전치사들은 자신의 고유한 실체(substance)를 거의 갖고 있지 않고, 주로 *pistis Christou*로 얻은 것과는 다른 상태를 가리킨다.[20] 그래서 캠벨은 *Christou*에 대한 이해는 제쳐두고 *nomos* 구절을 근거로 삼아 바울의 토라 신학을 전개하는 것은 - 그런 신학이 "사회학적인 경계표지"(a sociological boundary marker), "언약적 율법주의"(covenantal nomism), "율법주의"(legalism) 또는 다른 어떤 형태를 취하든지 간에 - 위험하다고 충고한다. "바울의 구절은 이 모든 입장을 함축하고 있을 것이다. 하지만 그것들 중의 하나를 정확하게 지목하지는 않는 것 같다. 이 구절의 기본 의미는 율법에 의해서 알려진, 하지만 믿음을 통해서 그리스도 안에 있는 것은 아닌, 어떤 상태를 지목하는 것 같다."[21]

---

19) *Romans*, p. 338.

20) *Pistis Christou*는 전통적으로 "그리스도를 믿는 믿음"(faith in Christ)로 번역되어 왔다. 하지만 근래에는 이 표현을 그리스도의 순종을 가리키는 "그리스도의 믿음"(faith of Christ)으로 번역해야 한다는 주장이 특히 미국에서 제기되고 있다. 논의의 배경과 전통적인 해석에 대한 지지를 위해서는 Veronica Koperski, "The Meaning of *Pistis Christou* in Philippians 3:9," *LS* 18 (1993): 198-216을 보라.

21) D. A. Campbell, "The Meaning of Pistis and Nomos in Paul: A Linguistic and Structural Perspective," *JBL* 111 (1992): 91-103. 인용은 102-3.

로마서와 갈라디아서의 율법을 다루는 책(1989)[22]에서 틸만(Frank Thielmann)은 샌더스와 레이제넨의 견해에 대한 던의 평가에 동의한다. 하지만 던의 논의는 몇몇 문제의 구절을 이해하는 데에는 도움이 되지만, "바울이 율법에 대해서 말한 모든 것을 설명하지는 못한다"고 한다.[23] 틸만에 의하면, 바울은 샌더스가 주장하는 것처럼 율법을 논할 때에 해결책에서 문제로의 방향이 아니라 (로마서와 갈라디아서에서는) 문제에서 해결책으로의 방향을 취했고, 그렇게 함으로써 여러 관점에서 최소한 당시 유대적인 사고의 한 흐름과는 연속선상에 있다. 쉽스(Schoeps)와 베커(Beker)는 이 견해를 어느 정도 예견했다. 그들은 로마서 1-5장의 바울의 주장은 "악한 충동"에 대한 유대적인 입장을 급진적으로 이해한 것이라고 주장했다.[24] 틸만의 견해는 바울이 그가 경험한 그리스도의 계시에 어떻게 그렇게 개방적일 수 있었는지를 설명하는 데에 도움을 준다.

그리스도 밖에서는 인류는 율법에 대한 불순종이라는 공통의 곤경에 처해 있지만, "그리스도 안에서" 믿는 사람들은 성령을 따라서 살며 그렇게 율법의 요구를 성취한다… [그들은] 속죄(롬3:21-26), 용서(4:7), 그리스도의 죽음에의 참여(6:1-7:6), 성령(8:1-17)이라는 종말론적 선물을 받았다. 그래서 바울은 그의 교회가 율법을 - 할례, 음식 규정, 안식일 준수와 같은 극명하게 유대적인 요구는 제외하고 - 밖에 있는 사람에게는 불가능한 방법으로 지킬 것을 기대했다.[25]

---

22) From *Plight to Solution*.
23) *Ibid.*, p. 24.
24) Schoeps, *Paul*, pp. 184-85; Beker, *Paul the Apostle*, p. 243.
25) *From Plight to Solution*, p. 116.

펜나(Penna)는 틸만이 실제로 시도했던 것은 율법의 종말론적 "끝"(end)에 대한 유대적인 개념(하나님은 이스라엘을 죄와 율법의 정죄에서 풀어주실 것이다)과 율법과 관련해서 이미 어떤 일이 있어났는지에 대한 바울의 견해(하나님은 인류를 이 둘에서 이미 풀어주셨다. 왜냐하면 종말(eschaton)이 시작되었기 때문이다) 사이에 있는 병행을 보여주는 것이었다고 주장한다.[26]

관련 구절에 대한 틸만의 석의의 모든 부분에 동의하지는 않지만, 그는 바울 당시 유대교의 사고에는 이스라엘은 하나님의 율법에 순종할 능력이 없다는 것을 감지하고 그 해결책을 하나님이 이스라엘을 죄에서 풀어주실 미래에서 찾는 흐름이 최소한 하나는 있었으며,[27] 최소한 몇몇 바울의 구절은 이 빛 아래에서 더 잘 이해된다고 주장한다.

4. 고대 유대교 안의 다양성: 존 콜린스

헬라 디아스포라 유대교에 관한 콜린스(John J. Collins)의 연구(1986)는 보다 일반적인 것임에도 불구하고, 앞에서 언급한 많은 학자에 의해서 제기된 여러 논점에도 적절한 것이었다. 이 연구는 유대교 안에는 언약의 의미에 대해서 서로 다른 태도를 취하는 다양한 흐름들이 있었다는 것을 잘 보여준다. 그 중의 어떤 흐름은 다른 흐름보다 더 배타적이었다.[28] 콜린스는 주전 200년경부터 주후 200년

---

26) Penna, *Paul the Apostle*, vol. 2, p. 127.
27) *From Plight to Solution*, pp. 28-45.
28) *Between Athens and Jerusalem*, pp. 13-14, 29-30, 48, 77, 141, 167-68, 178, 180, 225.

경까지의 유대교의 주요 유형(dominant pattern)은 언약적 율법주의(covenantal nomism)이었다는 샌더스의 견해에 반대한다. 그의 주장에 의하면, 율법 복종의 의무를 민족의 역사에서 유래한 것으로 보는 언약에 대한 전통적인 견해는 언약 준수의 의무를 다른 데서 찾으려고 하는 다른 견해와 나란히 존재했다. 묵시문헌에서는 그 근거가 계시에서 오는 것으로 본다. 지혜문헌에서는 그 근거가 잠재적으로 보편적인 인간의 본질에 대한 관찰에서 온다.[29] 콜린스가 보여준 유형의 다양성은 바울의 "가치의 전도"(reversal of values)를 유대교에 반대해서 일어난 것으로가 아니라 유대교 안에서 일어난 것으로 볼 수 있게 해 준다. 검토한 자료에 근거해서 콜린스는 다음과 같이 결론을 내린다.

> 실제적으로 모든 경우에 할례와 음식 규정 등과 같은 극명하게 유대적인 요구들은 무시된다. 게다가 실제적인 유대 공동체의 일원이라는 중요성은 모호해진다. 구원의 핵심 조건은 지혜를 올바로 이해하는 것이고, 거의 모든 경우에 이것은 분명히 우상 숭배 거부를 수반한다. 필로가 그랬던 것처럼 유대 저자는 일반적으로 참 지혜는 주로 유대 공동체 안에서 발견된다고 여겼을 것이다. 하지만 지혜롭고 의로운 자가 할례 받은 자와 정확하게 일치하는 것은 아니다… 기본적인 이해가 언약에 대한 전통적인 견해보다는 초자연적인 계시에서 추출되는 곳에서는 공동체 정체성의 근거도 바뀌어졌고 더 모호해졌다.[30]

---

29) *Ibid.*, p. 14.
30) *Ibid.*, p. 236.

5. 그리스도인 유대인인 바울: 베츠, 로우랜드, 딘, 슬로얀, 람브레히트, 위스코그로드, 시걸, 보어스, 프리드, 보야린

콜린스의 연구와 같은 연구는 던과 틸만뿐만 아니라 다른 학자도 바울은 그리스도인이 됨으로써 유대교의 한 종파에서 다른 종파로 옮겨 갔다는 결론에 도달하게 했다. 이 견해는 1979년에 베츠(H. D. Betz)에 의해서 언급되었다. 그는 바울이 그리스도인이 되었을 때의 유대 기독교는 아직도 유대교 내의 운동이었다는 것을 지적하고, 바울의 편지는 그가 그의 소명을 예레미야와 같은 선지자의 소명과 유사하게 이해한다는 것을 보여준다.[31] 로우랜드(Christopher Rowland)는 기독교의 발전을 전체적으로 "유대교의 가장 중요한 메시아 종파"로 설명했다. 이 관점에서 그는 다메섹 도상의 사건은 유대교의 한 종파에서 다른 종파로 이동하는 사건으로 해석돼야 한다고 주장한다.[32] 에세네파 추종자가 바리새인이 될 때도 이런 변화가 생기게 될 것이다.[33]

로우랜드는 그리스도가 하나님이 인류를 다루시는 열쇠로서의 율법을 대체한 이유는, 바울의 이해에 의하면, 유대적 종교적 전통의 핵심에 놓여있다고 주장한다. 바울의 관점이 변한 이유는 그리스도 안에서 메시아 시대가 시작되었다고 그가 확신하게 되었기 때문이다. 그는 비종말론적인 유대 그룹이 갖고 있던 율법 이해를 버리고, 올 시대(the age to come)는 이미 왔다는 확신으로 가득 찬 새로운

---

31) H. D. Betz, *Galatians: A Commentary on Paul's Letter to the Churches in Galatia*, Hermeneia (Philadelphia: Fortress, 1979), p. 64.

32) Christopher Rowland, *Christian Origins: An Account of the Setting and Character of the Most Important Messianic Sect of Judaism* (London: SPCK, 1985).

33) *Ibid.*, p. 195.

이해를 받아들였다. 로우랜드에 의하면, "이런 상황에서 그가 이전 것의 핵심적인 의무를 계속 유지하는 새로운 적절한 태도를 강구했다는 것에 우리는 놀랄 필요가 없다."[34]

보다 근래에는 시걸(Alan F. Segal, 1990)이 유대 그리스도인 바울을 유대교의 묵시적 신비주의의 흐름에 위치시킴으로써 이와 비슷한 입장을 표명했다.[35] 이렇게 바울을 그의 시대의 유대적 사고의 조류 안에서 파악하려는 경향은 유대인 학자 딘(Lester Dean)과 미국 가톨릭 대학교의 명예교수 슬로얀(Gerard Sloyan) 사이의 대화(1991)[36]와 플란더즈 주석가 람브레히트(Jan Lambrecht)의 논문(1980)에서도 나타난다.[37]

바울이 자신을 계속 유대인으로 여겼다는 주장은, 때때로 독특하게 변형되기도 하지만, 점점 더 많은 학자에게 지지를 받고 있다. 위스코그로드(M. Wyschogrod)는 1993년에 바울은 이방인이 할례와 율법을 수용해서는 안 되지만 율법은 예수님을 믿게 된 유대인에게는 여전히 의무적인 것으로 믿었다고 주장했다.[38] 그보다 한 해 전에 보어스(Hendrikus Boers)는 로마서 3:28의 "율법 행위"가 일반적으로 선한 행위가 아니라, 바울의 시각에서는, 특별하게 구원을 유대인에게만 한정시키는 것을 가리킨다고 주장했다. 하지만 그는 이렇게 과격하게 배타적인 관점은 바울 당시의 일반적인 유대교의 관점이 아

---

34) *Ibid.*, pp. 195-97. 인용은 197.

35) *Paul the Convert*, 예를 들어 pp. xii, xiv, 6, 20.

36) Leonard Swidler, Lewis John Eron, Gerard Sloyan, Lester Dean, *Bursting the Bonds? A Jewish-Christian Dialogue on Jesus and Paul*, Faith Meets Faith (Maryknoll, N.Y.: Orbis, 1991), pp. 125-212. 특히 pp. 206-12의 요약을 보라.

37) Jan Lambrecht, "L´attitude de Paul devant l´heritage spirituel judaïque," *QL* 61 (1980): 195-210.

38) M. Wyschogrod, "Christianity and the Mosaic Law," *ProEcclesia* 2 (1993): 451-59.

니라 그가 회심 이전에 갖고 있었던 극단적인 확신을 반영하는 것으로 보인다는 주장도 했다. 보어스에 의하면, 비록 바울은 자신을 유대인으로 간주하더라도, 우리는 1세기 유대교에 대한 역사적인 이해와 바울 자신의 관점을 구분해야 한다.[39]

1994년의 로마서와 갈라디아서에 대한 연구에서 보어스는 본문-언어학, 구조주의, 기호학 등의 방법론을 사용하여 이 두 편지에서 바울의 주요 관심사는 (구원을 할례자에게 한정시키는) 율법 행위를 통한 칭의와 (구원을 모두에게 개방하는) 믿음으로 인한 칭의 간의 대립이라고 주장한다. 보어스는 율법 행위를 통한 칭의에 대한 부정(갈; 롬 3:21-4:25)과 로마서 2장의 율법 행위를 통한 칭의에 대한 긍정적인 진술 사이에는 바울의 사고의 모든 차원에서 완전한 조화가 이루어진다고 주장한다.[40] 보어스와 바울의 유대주의를 강조하는 다른 학자의 차이점은 그들은 바울은 당대의 유대인을 완전히 오해하지 않았고 또 유대 그리스도인으로서의 그의 율법관은 최소한 당대의 몇몇 믿지 않는 유대인의 율법관과 일치했다고 주장하는 데에 있다.

바울의 유대성(Jewishness)은 프리드(E. D. Freed)가 쓴 『사도 바울, 그리스도인인 유대인: 신실과 율법』(*The Apostle Paul, Christian Jew: Faithfulness and Law*, 1994)의 주요 주제이다.[41] 캘리포니아 버클리의 탈무드 문화 교수인 보야린(Daniel Boyarin)도 1994년의 『과

---

39) Hendrikus Boers, "'We Who Are by Inheritance Jews; not from the Gentiles, Sinners,'" *JBL* 111 (1992): 273-81. 특히 275을 보라.

40) Hendrikus Boers, *The Justification of the Gentiles: Paul's Letters to the Galatians and Romans* (Peabody, Mass.: Hendrickson, 1994). 앞의 주의 논문에는 이 책의 주요 내용이 요약된 형태로 들어있다.

41) E. D. Freed, *The Apostle Paul, Christian Jew: Faithfulness and Law*, rev. ed. (Lanham, Md./New York/London: University Press of America, 1994). 원본은 1986년에 출판되었다.

격한 유대인: 바울과 정체성의 정치학』(*A Radical Jew: Paul and the Politics of Identity*)에서 유사한 시각을 피력했다.[42] 그는 바울의 보편적인 견해를 과격한 유대성을 표출하는 것으로 이해했다. 라이트(N. T. Wright)[43]와 캘런(Terrance Callan)[44]은 서평에서 보야린이 사용하는 방법론의 몇몇 측면에 의문을 제기했다. 바울의 그리스도 경험은 그가 보편주의와 관련된 그의 신학적이고 철학적인 확신을 형성하는 데에 결정적인 영향을 주었는데, 보야린은 이 그리스도 경험의 중심성을 소홀히 여긴다는 것이다. 그럼에도 던(J. D. G. Dunn)은 좀 더 긍정적으로 보야린을 "불과 몇 명만이 그랬던 것처럼, '바울에 대한 새로운 관점'이 무엇인지를 인식한" 사람으로 그리고 바울이 비판하는 것은 "율법 행위"를 도모하려는 민족중심주의(ethnocentrism)라는 것을 인정한 사람으로 평가한다. 또 던은 보야린은 바울의 응답을 법적/도덕적 대조에서 특수적/보편적 대조로 옮기려고 시도한다고 한다. 던은 이 유대학자의 바울 이해는 "과도하게 내적이고 내향적인 기독교적 논쟁의 연기가 여전히 자욱한 방으로 한 줄기 신선한 바람처럼 들어온다"고 결론짓는다.[45] 1996년의 논문에서 보야린은 루터 및 웨스터홀름 같은 "신루터주의자들"은 보편적인 이스라엘을 재창조하는 것이 바울에게 참으로 중요했다는 것과 은혜로 인한 칭의는 이것을 이루기 위한 본질적인 조건이라는 것을

---

42) Daniel Boyarin, *A Radical Jew: Paul and the Politics of Identity*, Contraversions 1 (Berkeley/Los Angeles/London: University of California Press, 1994).

43) N. T. Wright, "Two Radical Jews," *Reviews in Religion and Theology* [London] (3, 1995): 15-23. *New Testament Abstracts* 40 (1996), p.250, #953r에서 인용.

44) Terrance Callan, review of *A Radical Jew: Paul and the Politics of Identity* by Daniel Boyarin, *RelSRev* 23 (1997): 300-301.

45) J. D. G. Dunn, review of *A Radical Jew: Paul and the Politics of Identity* by Daniel Boyarin, *relstudNews* 13, no. 1 (Feb, 1998): 1.

인식하는데 실패했다고 비판하면서 자신의 입장을 재차 밝힌다.[46]

6. 요약

이 그룹의 학자에 의하면, 바울은, 레이제넨과 왓슨이 주장하는 것처럼, 전체적인 유대교 언약을 거부하는 것이 아니라 "정체성 표지"를 지나치게 강조하고 구원의 유용성을 제한하는, 그 언약과 율법의 기능에 대한 특수한 해석을 거부한다. 바울의 깊은 신념을 뒤엎어버린 그리스도의 매력은 그 신념보다도 더 깊은 어떤 것에서, 그 신념의 근원에서 유래되었기 때문에 그렇게 강했다. 그것은 근본적인 반전의 시대 즉 처음에는 고난이 닥쳐와서 의인은 굳게 서 있어야 하는, 하지만 하나님의 능력이 나타나서 모든 다른 세력들을 물리칠 메시아 시대에 대한 믿음이었다.

바울의 의에 대해서 새로운 관점을 제시하려고 처음에 시도했던 학자는 대부분 로마서와 갈라디아서에 집중하고, 빌립보서와 고린도전후서에 나오는 의와 율법에 대한 언급은 자세하게 다루지 않았다. 그럼에도 그들이 살피는 본문 내에서 그리고 다른 학자가 제공한 배경 자료를 활용하면서 그들은 바울의 율법 이해가 당대의 유대교의 율법 이해에 완전히 낯선 것이었다고 간주할 필요는 없다는 것을 잘 보여주었다.

---

46) Daniel Boyarin, "The Jews in Neo-Lutheran Interpretation of Paul," *Dialog* 35 (1996): 193-98.

제 4 장
루터/불트만의 부활(redivivus)?

1. 불트만과 샌더스 사이: 바이른, 웨스터홀름, 마틴(Martin), 마틴(Martyn), 헹엘과 슈베머

이 장에서 다루는 학자는 샌더스(E. P. Sanders)의 몇몇 통찰을 받아들였다. 그럼에도 불구하고 루터(M. Luther)/불트만(R. Bultmann) 입장과 관련된, 그들이 옳은 통찰이라고 믿는 것을 포기하려고 하지도 않는다. 오스트리아 학자 바이른(Brendan Byrne)은 1979년의 『"하나님의 아들들"-"아브라함의 씨"』("*Sons of God*"-"*Seed of Abraham*")의 부록에서 가톨릭의 관점에서 샌더스에게 도전했다. 바이른은 샌더스가 주장하는 것처럼 고대 유대교에는 "행위-의" (works-righteousness)가 전무했었는지에 대해 강한 의문을 제기한다. 그는 설령 샌더스가 이론적으로는 맞더라도, 만약에 언약 공동체 "안에" 머물기 위해서 행위가 요구된다면 그리고 만약에 그 공동체에서 배제되는 것이 구원을 잃는 것과 같은 것이라면, 행위는 실제적으로는 구원을 얻는 수단으로 보아야 한다고 결론짓는다.[1]

그럼에도 불구하고 바이른은 그의 유대교 이해가 "자신의 의(Eigensgerechtigkeit)를 지나치게 강조하는 불트만의 모습으로 되돌아가는 것을 의미하지는 않는다"고 주장한다.[2] 바이른은 자기를 불트만과 샌더스의 중간지역에 위치시킨다. 그의 유대교 이해는 기본적으로 율법적인(nomistic) 종교 안에서 율법 행위가 갖는 적법한 위치를 인정하고, 동시에 하나님의 자비의 역사를 용인하고 궁극적으로 모든 성취를 하나님의 선택의 은혜로 돌린다. 또 바이른은 그리스도 안에서 일어난 하나님의 행동에 대한 바울의 전체 이해에서도 하나님의 순종 요구와 죄의 처벌 사이에 비슷한 균형을 찾아볼 수 있다고 주장한다. 또한 하나님의 선택의 사랑으로 뒷받침되는 속죄의 수단에 대한 자각도 있다. 이것은 샌더스가 언약적 율법주의(covenantal nomism)의 종교인 유대교의 본질적인 유형으로 인식한 것과 동등한 것이다. 하지만 바이른은 샌더스가 바울의 묵시적 관점의 중요성을 얕보았다고 한다. 바울이 당시의 유대교와 차이를 보이는 정도에 대해서 바이른은 그것은 정도의 차이(difference of degree)라고 주장한다. "바울은 묵시적 프로그램 안에서 팔레스타인 유대교보다 한 단계 앞선 유대교를 제시한다. 즉 바울은 메시아 도래 이후(post adventum Messiae)의 이스라엘의 관점에서 이야기한다."[3] 그래서 종말 이전 시대에 적합한 의에 대해서 말할 때에 그가 사용하는 의 용어는 정확하게 유대교의 의 용어이다. 그리고 그가 이전의 의

---

1) Brendan Byrne, *"Sons of God"-"Seed of Abraham"*: *A Study of the Idea of the Sonship of God of All Christians in Paul against the Jewish Background* (Rome: Biblical Institute Press, 1979), pp. 227-33.
2) *Ibid.*, pp. 230-31.
3) *Ibid.*, p. 233.

의 실패와 새로운 근원에서 나오는 의의 유용성을 언급하는 것은 그가 종말이 그리스도 안에서 도래했다고 선언할 때이다. 그런 선언은 유대교의 신학적인 기대를 뒤엎어 버리지만, 여전히 유대교가 이해하는 언어 안에 머문다.[4] 근래의 로마서 주석(1996)에서도 바이른은, 샌더스와의 차이는 거론하지 않은 채, 기본적으로 같은 견해를 주장한다. 이 책은 현재의 그리스도인과 유대인의 연합 관계에 민감한 반응을 보인다.[5]

약간 뒤에 그리고 약간 다른 관점에서 웨스터홀름(Stephen Westerholm)은 바울의 율법 이해의 비일관성을 설명하려는 레이제넨(H. Räisänen)의 시도를 거부하면서, 그리스도의 중심성(centrality of Christ)에 대한 샌더스의 입장을 전적으로 옹호한다.[6] 하지만 그는 루터의 바울 이해는 본질적으로 옳았다는 것을 보여주려는 시도도 한다.[7] 그는 특히 로마서 10:3, 5-6과 빌립보서 3:9의 "자기" 의의 의미에 대한 샌더스의 해석에 동의하지 않는다고 밝힌다.[8] 그의 책의 아주 짧은 마지막 장에서[9] 웨스터홀름은 바울은 일관성이 없다는 비난에 대답하려는 것처럼 보인다. 하지만 그 자신도 지슬러(J. A. Ziesler)에게 비판을 받았다.[10] 우리는 다른 것보다도 웨스터홀름이 『이스라엘의 율법』(Israel's Law)에서 내린 결론에 의문을 제기할 수 있다. "후자의 위대한 학자[히포(Hippo), 비텐베르크(Wittenberg), 알

---

4) Ibid., p. 233.
5) Brendan Byrne, Romans, Sacra Pagina 6 (Collegeville, Minn.: Liturgical Press, 1996).
6) 그의 레이제넨 비판은 Israel's Law, 217을, 그의 샌더스 견해의 요약은 81-86을, 그의 샌더스 공감 표현은 217-18을 보라.
7) 예를 들어 ibid., p. 173을 보라.
8) Ibid., pp. 114-15.
9) Ibid., pp. 217-22.
10) Ziesler, "Justification," pp. 191-92.

더스게이트(Aldersgate)]가 사도 전체 의미를 왜곡했을 필요도 없다. 왜냐하면 그들은 바울 당시의 할라카 논쟁이나 그의 적대자의 관점에 대해서는 별다른 이해를 보여주지 않기 때문이다. 그들은 현대인을 사로잡고 있는 문제에는 연연하지 않고 산을 얻으려고 했다."[11] 불행하게도 산만 바라보다가는 상대적으로 작은 물체에 걸려 넘어질 수 있다. 우리는 단거리 관점과 장거리 관점 사이의 보다 균형 있는 관점에 찬성하는 것이 더 좋을 것이다.

마틴(Brice L. Martin)도 바울의 율법에 대한 책(1989)에서 샌더스와 불트만 양자의 요소를 인정한다.[12] 바울 및 율법과 관련된 많은 다양한 질문들을 다루는 그의 방법 때문에 그의 고유한 입장을 정확하게 파악하기는 쉽지 않다. 헨셀(Eugene Hensell)은 그 책의 서평을 쓰면서 마틴은 "기본적으로 많은 바울 학자들이 일반적으로 견지하는 몇몇 입장들을 다루고 있는데, 샌더스의 영향이 도처에 분명하게 드러난다"고 평가한다.[13]

그 자신도 바울과 율법에 대한 논의에 상당한 기여를 한 틸만(Frank Thielman)에 의하면, 마틴은 이 책에서 바울은 유대교를 행위-의의 종교로 보았다는 암시를 주는 동시에, 1세기 유대교는 자신을 그렇게 보지 않았다는 샌더스의 견해를 수용하는 것처럼 보인다. 그래서 레이제넨의 주장처럼 바울이 유대교를 왜곡시켰느냐는 질문 또는 불트만이 제시했듯이 바울이 다른 유대인은 보지 못했던 유대교의 본질을 꿰뚫어보았느냐는 질문이 생긴다. 틸만에 의하면, 마틴은 이 질문과 관련하여 분명히 불트만에 동의하지만, 바울이 토라의

---

11) *Israel's Law*, p. 222.
12) Brice L. Martin, *Christ and the Law in Paul*, NovTSup 62 (Brill: Leiden/New York/Copenhagen/Cologne, 1989).
13) Eugene Hensell, review of Brice L. Martin, *Christ and the Law in Paul*, CBQ 54 (1992): 165-67, p. 165.

본질에 대한 유일한 통찰을 갖고 있다는 것을 다른 사람이 믿기를 어떻게 기대할 수 있었느냐는 문제는 다루지 않는다. 바울은 율법이 외양적인 목적과 참된 목적을 갖고 있다고 보았다는 마틴의 제안은 흥미롭고 하나님의 정의와 관련된 질문을 제기하지만, 그 책은 이 이슈를 더 이상 다루지 않는다. 이와 비슷하게 제의적 율법과 도덕적 율법 사이의 구분도 더 논의돼야 할 필요가 있지만, 그런 논의는 이루어지지 않는다. 요약하자면, 틸만은 마틴이 흥미로운 질문을 제기하고 칼빈(John Calvin)과 크랜필드(C. E. B. Cranfield)의 전통 안에서 대답했다고 본다. "하지만 질문에서 마틴의 대답에 이르는 길은 새로운 볼거리가 별로 없는 울퉁불퉁한 길이다."14)

근래의 갈라디아서 주석(1997)에서 마틴(J. Louis Martyn)은 그 편지를 철저하게 묵시적인 관점을 배경으로 읽는다. 그리스도의 십자가는 모든 과거와의 연속선을, 유대적인 구원사 뿐만 아니라 그리스-로마 철학의 지혜를 포함하여 모든 종교적인 구성 개념(construct)과의 연속선을 전체적으로 차단한다. 루터, 바르트, 케제만의 라인에서 마틴은 유대주의자에 맞서는 바울의 극단적인 논쟁을 강조하면서도, 바울이 헐뜯는 대상은 유대교가 아니라 자신을 그리스도인으로 내세우는 하지만 실제로는 복음을 파괴하는 설교자라는 사실을 강조함으로써 유대교-기독교의 대화에도 관심을 표명한다.15)

헹엘(Martin Hengel)과 슈베머(Anna Maria Schwemer)가 『다메섹과 안디옥 사이의 바울』(*Paul Between Damascus and Antioch*, 1997)에서 제기한 견해도 이와 유사하다. 헹엘은 독일의 종교사학파에서 유래한 해석에 반대하는 것을 거의 직업으로 삼았다. 그는 이 학파

---

14) Frank Thielman, review of Brice L. Martin, *Christ and Law in Paul*, JBL 110 (1991): 349-50. 인용은 350.

15) J. Louis Martyn, *Galatians*, AB 33A (New York: Doubleday, 1997).

는 유대교에 대한 과격한 편견에 물들어 있다고 혹평한다. 그럼에도 불구하고 헹엘과 슈베머는 루터를 가장 훌륭한 바울 해석가들 중의 하나로 기술한다.[16] 이 책의 주요 논제들 중의 하나는 바울의 신학적 통찰력은 본질적으로 그가 그리스도의 계시를 경험한 때에 고정되었다는 즉 발전의 과정을 거치지 않았다는 것이다. 특히 죄인은 오직 은혜로만 의롭다고 인정받는다는 바울의 견해가 그렇다. 이 견해는 바울 생애의 후반기에 얻은 통찰이 아니라 처음부터 그의 선포를 형성한 통찰로 묘사된다.[17] 헹엘과 슈베머는 바울이나 다른 어떤 그리스도인도 "율법에서 자유로운 것"이라고 불릴 수 있는 복음을 선포하지 않았다고 생각한다. 그들은 단지 율법의 어떤 면에 비판적이었다. 특히 바울에게 있어서는 이 비판은 기독론적 차원과 구원론적 차원에서 제기되었다.[18] 이렇게 헹엘과 슈베머는 이 장에서 논의된 많은 학자가 공유하는 견해 즉 바울에게는 본질적인 일관성이 있다는 견해를 보여준다.

2. 불트만에게로 회귀: 브레이, 샌드니스, 모리스, 크루스

브레이(G. Bray)는 1995년의 논문에서 좀 더 무조건적인 불트만적 입장을 내세운다. 그는 루터를 따르는 개신교 전통은 바울의 의 (dikaiosynē) 및 관련 용어들의 의미를 오해했고 그 결과 그에게 전래된 유대교와 그리스도를 믿는 믿음 사이의 상호 관계에 대한 바울의 이해를 잘못 해석했다는 던과 다른 학자의 주장을 반박한다.

---

16) Martin Hengel and Anna Maria Schwemer, *Paul Between Damascus and Antioch* (London: SCM Press, 1997), p. 310.
17) Ibid., p. 313.
18) Ibid., pp. 88-89.

브레이는 언약이 생겨나고 지금의 형태를 취하게 된 것은 바로 의 때문이라고, 권리로는 하나님의 것이지만 믿음에 의해서 사람에게 전가된 의 때문이라고 주장한다.[19] 이와 비슷하게 샌드니스(K. O. Sandnes, 1996)는 던이나 왓슨도 칭의를 기독교 신학의 핵심으로 강조하는 루터의 견해에 별다른 타격을 주지 못했다고 주장한다. 그러면서도 샌드니스는 주로 개인적인 구원에 관심을 기울이는 이 강조는 바울의 관점을 협소화시킨다는 것을 인정한다.[20]

오스트리아 주석가가 쓴 근래의 글들도 보다 엄격한 불트만적 입장을 따른다. 보다 일반적인 독자층을 겨냥한 갈라디아서 주석에서 베테랑 학자 모리스(Leon Morris)는 이 편지를 공로의 행위를 추구하는 율법주의에 대한 논박으로 이해한다.[21] 크루스(Colin G. Kruse)는 바울의 율법 이해의 일관성을 보여주기 위해서 목회서신을 포함하여 전통적으로 바울의 저작으로 분류되던 모든 편지를 검토한다. 그에 의하면, 바울의 공격 목표는 둘이었다. 하나는 유대교의 특수주의였고, 다른 하나는 율법 행위로 하나님의 호의를 얻어낼 수 있다고 보는 율법주의였다.[22]

---

19) G. Bray, "Justification: The Reformers and Recent New Testament Scholarship," *Churchman* 109 (1995): 102-26.
20) K. O. Sandnes, "'Justification by Faith'-An Outdated Doctrine? The 'New Perspective' on Paul-A Presentation and Appraisal," *Theology & Life* (Hong Kong) 17-19 (1996): 127-46.
21) Leon Morris, *Galatians: Paul's Charter of Christian Freedom* (Downers Grove, Ill.: InterVarsity Press, 1996).
22) Colin G. Kruse, *Paul, the Law and Justification* (Peabody, Mass.: Hendrickson, 1996).

3. 의와 그리스도와의 직접적인(personal) 관계: 호톤, 실바, 오브라이언

비교적 근래에 출판된 세 권의 주요한 빌립보서 주석서들도 다소간의 차이는 있지만 기본적으로 불트만의 입장을 따른다. 빌립보서 3:9의 인접 문맥과 거기에서 의는 그리스도를 믿는 믿음을 통해서 온다고 기술돼 있는 사실에 주목하는 호톤(Gerald Hawthorne, 1983)은 그리스도를 믿는 이 믿음의 직접적이고 친밀한 본질을 아주 강조한다. 그렇게 불트만의 신학적인 강조를 유지하면서도 호톤은 바울의 의 이해에 들어있는 강한 기독론적인 강조를 인식한다.[23]

실바(Moisés Silva, 1988)도 하나님으로부터 오는 의의 기독론적이고 직접적인 측면에 관심을 기울인다. 실바에 의하면, "의를 갖는 것"과 "그[그리스도] 안에서 발견되는 것"(빌 3:9)의 연결은 바울의 의 교리가 추상적인 추론이 아니라 전에 라이트푸트(Lightfoot)가 말했던 것처럼 "사람과 삶"(a Person and a life)으로 제시된 복음이라는 것을 분명하게 보여준다. 게다가 실바는 "율법에서 난 의"의 의미에 대한 이해에서 불트만을 넘어서려고 시도하기도 한다. 불트만과 함께 사람의 노력이라는 개념은 바울의 특징의 한 부분이라고 인정하면서도 실바는 왜 바울이 율법에서 난 의와 하나님으로부터 오는 의를 상호 배타적으로 인식하느냐고 묻는다. 그는 바울이 의와 생명을 아주 밀접하게 관련시키기 때문에 (예를 들어 롬 1:17; 갈 3:11) 하나는 다른 하나와 관련해서 정의될 수 있다고 대답한다. 하

---

23) Gerald F. Hawthorne, *Philippians*, WBC 43 (Waco, Tex.: Word Books, 1983), pp. 140-42. 다른 개신교 학자의 다른 관점을 위해서는 Gordon D. Fee, *Paul's Letter to the Philippians*, NICNT (Grand Rapids, Mich.: Eerdmans, 1995), p. 322, n. 35를 보라.

지만 갈라디아서 3:21에 의하면 율법은 생명을 줄 수 없고, 그래서 율법에서 난 의는 가치가 없다.[24] 실바는 이 장의 다음 단락에서 언급되는 그 이후의 글에서도 의와 생명의 관계를 다룬다.

오브라이언(Peter T. O'Brien, 1991)에 의하면, 바울이 빌립보서 3:9에서 거부하는 것은 하나님에게 보상을 요구할 의도로 율법에 순종함으로써 얻어지는 도덕적인 성취인 자기-의를 추구하는 자세이다. 그의 대신에 바울은 기본적으로 하나님과의 올바른 관계인 관계적인(relational) 의를 옹호한다. 이 관계적인 측면은 의 용어와 빌립보서 3:9a의 참여적인 언어 사이에는 긴밀한 관련이 있다고 보는 오브라이언의 견해뿐만 아니라 "그리스도에 대한 지식은 믿음을 통하여 오는 하나님의 의와 아무런 상관도 없는 어떤 것이 아니다"고 보는 그의 인식에서도 암묵적으로 강조된다.[25] 그런 의는 하나님을 근원(origin)으로, 그리스도의 믿음/신실을 기초(basis) 또는 토대(ground)로 삼으며, 믿음으로(by means of faith) 주어진다. 그러면서도 오브라이언은 "율법을 지키려는 열심은 선하다. 하지만 그 결과인 자기-의는 선하지 않다"는 말을 덧붙인다.[26] 이렇게 그는 율법을 지키려는 열심이 자기-의를 추구하는 결과를 낳았다고 보기는 하지만, 그렇다고 모든 경우에 이런 결과가 나올 수밖에 없다고 주장하는 것 같지는 않다.[27]

---

24) Silva, *Philippians*, pp. 185-89. 다소 다른 접근을 위해서는 Richard Bevan Hays, *The Faith of Jesus Christ*, SBLDS 56 (Chico, Calif.: Scholars, 1983), pp. 150-51을 보라.
25) O'Brien, *Philippians*, pp. 393, 415-17. 인용은 417쪽.
26) *Ibid.*, pp. 394-96. 인용은 396쪽.
27) 수세기 전에 어거스틴도 이와 유사한 구분을 주장했다. 그는 경멸받아야 하는 것은 "율법에서 나는 의" 또는 "율법"(그는 율법을 하나님이 주신 것으로 존경했다)이 아니라 의를 자신의 노력의 열매로 보는 부적절한 자아-과장적인 태도이다"라고 주장한다. 이 태도는 믿음의 태도가 아니라 자랑의 태도이고, 이 태도는 믿음으로부터 온 것도 아니고 지식에 의한 것도 아니고 하나님의 의를

오브라이언은 또 빌립보서 3:9의 하나님으로부터 난 의(*dikaiosynē ek theou*)의 형태를 다른 곳에 나타나는 바울의 하나님의 의 (*dikaiosynē theou*) 표현들에 대한 표준 해석으로 받아들이기를 거부하는 점에서도 엄격한 불트만적 입장과 차이를 보인다.[28] 그럼에도 그는 그리스도의 신실은 바울이 열망하는 의는 오직 은혜의 문제라는 사실을 두드러지게 한다는 강조와 함께 의의 선물의 특성을 강조하는 불트만에게 동의한다.[29] 오브라이언은 의에 대한 묘사를 담고 있는 분사구문은 바울과 그리스도의 관계를 아주 직접적인 용어로 묘사하는 많은 다른 구문과 문장론적으로 연결되어 있다는 사실에 특별한 관심을 기울인다.

호톤, 실바, 오브라이언의 연구는 불트만의 "법적" 의의 개념에 있어서 어느 정도 균형을 회복시키는 효과가 있다. 바울은 그의 성서적인 배경에서 사람을 하나님과 올바른 관계에 위치시키는 하나님의 은혜의 개념을 추출할 수 있었던 반면에, 좀 더 직접적인 용어들로 묘사하는, 이 관계에 대한 좀 더 오래된 성서적인 개념도 있다. 이 관계는 직접적이기 때문에 요구와 임무도 부과하지만, 추상적이고 도덕적인 규례의 임무는 아니다. 이에 대한 섬세한 논의가 빌립보서 3:9과 관련하여 몇 년 전(1970)에는 훌덴(J. H. Houlden)[30]에 의해서 이루어졌고, 근래(1998)에는 던에 의해서 좀 더 일반적인 관점에서 다시 언급되었다.[31]

알지도 못한다. 이것이 〈*Sermon*〉 170의 대부분과 〈*Sermon*〉 169의 긴 단락의 기본 주장이다. 하지만 어거스틴은 특히 〈*Sermon*〉 169에서 누가복음의 사가랴와 엘리사벳의 예를 인용하면서, 율법을 완전하게 지키려는 모든 노력이 자동적으로 교만하게 완전을 주장하는 것을 암시하지는 않는다는 것도 인정했다.

28) O'Brien, *Philippians*, p. 397.
29) *Ibid.*, p. 400.
30) Houlden, *Paul's Letters from Prison*, pp. 97-100.
31) James D. G. Dunn, *The Theology of Paul the Apostle* (Grand Rapids, Mich./Cambridge, U. K.: Erdmans, 1998), pp. 341-42.

이 학자가 주의를 기울인 빌립보서 3:7-11에 나오는 의와 그리스도와의 직접적인 관계 사이의 연관에 대한 강조가 이전의 학자들에게는 전무했던 것은 아니다. 하지만 빌립보서 3:7-11의 "그리스도에 대한 지식"이라는 표현이 갖고 있는 친밀한 성격에 대해서 반복적으로 언급했음에도 불구하고, 광범위하게 논의되지는 않았다. 그렇게 그들은 빌립보서 3:9의 믿음에 근거를 두는 의에 대한 바울의 묘사의 의미를 채우는 데에 도움을 준다. 실바는 또한 학자들이 다른 관점에서 더 자세하게 논의한 또 다른 이슈 즉 하나님으로부터 오는 의에 대립되는 의의 특성인 "율법에서"(from Law)라는 표현의 중요성이라는 이슈를 제기했다. 그럼으로써 자랑의 태도를 함축하고 있는 "내" 의에 대한 강조를 약화시켰다.

4. 바울의 일관적인 율법관: 마틴(Martin), 슈라이너, 무, 실바

마틴(Brice L. Martin, 1989)은 바울의 율법 이해가 어느 정도 발전한 것은 사실이지만 그 발전이 비일관성으로 귀착되지는 않는다는 것을 보여주려고 한다. 명백한 비일관성은 우연한 상황의 영향 때문으로 설명할 수 있다. 마틴은 바울의 율법 이해는 유대교와 비슷하지만, 바울이 율법을 "인간의 딜레마의 일부"가 되도록 주어진 것으로 간주하는 점에서는 서로 다르다고 주장한다.[32] 이 딜레마는 율법의 제의적 측면보다는 도덕적 측면에서 발생한다.

슈라이너(Thomas R. Schreiner)는 여러 글에서 바울의 율법 이해는 일관적이라고 주장한다. 우리는 모세 율법은 모세 언약과 관련하여 폐지되었다는 것을, 하지만 이 언약은 보편적인 복의 개념을 담

---

32) *Christ and the Law in Paul*, p. 155.

고 있어서 이방인도 포함하는 아브라함 언약에 언제나 종속되어 있었다는 것을 기억해야 한다고 그는 제안한다.[33] 바로 이것 때문에 할례와 음식 규정 같은 민족주의적인 유대교의 제의적 규례가 더 이상 구속력이 없다. 하지만 율법에 대해서 죽는 것은 그 율법을 왜곡시킨 죄의 세력에서 자유로워지는 것을 동반하고, 이 자유는 믿는 사람으로 하여금 성령의 영향 아래에서 율법의 강한 도덕적 요구에 순종할 수 있게 한다.

슈라이너는 "하나님의 계명들"이 아마도 도덕적 율법을 가리키는 고린도전서 7:19을 언급하면서, 바울은 제의적 율법과 도덕적 율법을 어느 정도 구분했다고 제안한다.[34] 그럼에도 불구하고 슈라이너는 "율법 행위"는 단지 의식적 규정들(cultic observances)만을 가리키거나 강조한다는 견해에는 동의하지 않는다. 그는 "로마서 3:20에서 '율법 행위'로 의롭다고 인정받는 데에 실패한 것은 유대인이 민족주의적인 이유로 의식적인 율법에 집착했기 때문이 아니라 율법의 도덕적 요구에 순종하는 데에 실패했기 때문이다"고 주장한다. 왜냐하면 로마서 2:17-29에서 유대인은 할례를 받았는데도 율법에 순종하는 데에 실패했다고 고발당하기 때문이다. 슈라이너는 바울이 "율법 행위"로 의를 얻을 가능성을 부인한 세 가지 이유를 댄다. (1) 그 누구도 율법을 완벽하게 지키는 것은 불가능하다. (2) 의를 얻기 위해서 율법에 순종하려는 모든 시도는 율법주의적이고 믿음의 원칙에 위배된다. (3) 그리스도의 죽음과 부활로 구원사적 전이(salvation-historical shift)가 일어났다.[35]

하지만 슈라이너의 두 번째 진술은 설령 율법 전체를 지키는 것이

---

33) Thomas R. Schreiner, "The Abolition and Fulfillment of the Law in Paul," *JSNT* 35 (1989): 47-74, pp. 55-56.

34) *Ibid.*, pp. 55-65.

35) Thomas R. Schreiner, "Works of the Law," *DicPaul*, pp. 975-79, p. 977.

가능하더라도 율법을 지키려고 노력하는 것은 율법주의적이고 악한 것이라고 보는 엄격한 불트만적 입장과는 차이를 보인다. 슈라이너에게 있어서 두 번째 진술은 첫 번째 진술에서 기인한다.[36] 바울은 율법주의적 행위-의에 반대하고 있다는 불트만 및 그의 추종자의 의견에 동의하면서도, 슈라이너는 "율법을 지킬 능력이 없다는 것이 '율법 행위'로는 의를 얻을 수 없다는 바울의 주장의 기초로 견지되어야 한다. 이것은 율법을 행하는 것 자체를 악한 것으로 보는 불트만의 견해와 상반된다"고 주장하는 점에서 아마도 빌켄스의 입장에 더 가까울 것이다.[37] 던은 다소간 심술궂게 슈라이너의 입장은 "'네 케이크를 가져가 먹어라'는 논지"로 규정한다.[38]

무(Douglas J. Moo)는 근래의 로마서 주석서에서 에베소서와 빌립보서뿐만 아니라 목회서신(디모데전후서와 디도서)도 포함하는 바울서신에 근거를 둔 율법 이해를 주창한다. 무는 칭의를 법적 실재를 가리키는 철저하게 법적인 용어로 간주한다. 로마서 2:14; 3:27; 7:22-23에서 "율법"은 모세의 토라를 지칭하지 않는다. 로마서 7:7-25에서 "나"(I)는 그리스도 이전에 또는 밖에 있는 유대민족과 관계를 맺고 있는 바울을 지칭한다. 로마서 10:4에서 telos는 끝(end)과 목표(goal) 둘 다를 함축한다. "율법 행위"는 일차적으로 경계표지(boundary markers)를 가리키지 않고 유대인의 개인적이고 율법주의적인 시도를 가리킨다. 바울의 로마서의 교훈에도 로마서와 다른 바울 서신들 사이에도 모순은 없다.[39]

---

36) 슈라이너의 보다 근래의 논의를 위해서는 *The Law and Its Fulfillment: A Pauline Theology of Law* (Grand Rapids, Mich.: Baker, 1993)을 보라.
37) *Ibid.*, p. 241.
38) Dunn, *Theology*, p. 339.
39) Douglas J. Moo, *The Epistle to the Romans*, NICNT(Grand Rapids, Mich./Cambridge, U. K.: Eerdmans, 1996).

무의 주석서에 대한 서평에서 람브레히트(Jan Lambrecht)는 바울의 일관성에 대한 무의 변호는 과장된 듯이 보인다고 지적한다. 하지만 더 큰 문제를 발견하는 곳은 무의 견해 전체에서이다. 단지 무가 "새로운 관점"의 접근을 거부하는 전통주의자라는 것이 아니라 그가 모든 사람은 희망 없는 죄인이라는 자신의 신학적인 전통을 과도하게 변호한다는 것이다. "지옥으로 운명지어진,"[40] "영원한 저주로의 예정,"[41] "심판의 날에 최후로 쏟아 부어질 그[하나님]의 진노"[42] 등과 같은 부정적인 표현은 도대체 어떤 종류의 하나님에 대한 묘사인지 그리고 이것은 바울의 견해라기보다는 무의 견해가 아닌지 하는 질문을 야기한다. 람브레히트는 만약에 이것이 바울의 견해라면, 비판 받아야 하지 않느냐고 묻는다.[43]

바울과 율법의 논의에 계속 참여해 온 실바는 보다 더 균형 잡힌 견해를 갖고 있다. 실바는 1991년의 논문에서 던과 "새로운 관점"에 반응한다. 실바는 이 관점은 결과적으로 (1) 초기 유대교뿐 아니라 인간의 조건에 만연한 "율법주의적" 요소를 과소평가하게 되고, (2) 잘못된 양분법을 만들어내게 된다고 주장한다.[44] 『석의방법탐구』(*Explorations in Exegetical Method*, 1996)에서 이 주장을 다시 전개하면서 실바는 바울의 논쟁은 전적으로 자기-의의 문제에만 관심을 둔다고 주장하거나 이것과는 아무런 상관이 없고 오히려 민족적인 "경계표지"에 대한 유대교의 관심과만 관련이 있다고 주장하는 대신에, 이 관점을 한 동전의 양면으로 보는 것이 더 낫다는 것을 인

---

40) *Ibid.*, p. 560.
41) *Ibid.*, p. 681.
42) *Ibid.*, p. 298.
43) Jan Lambrecht, review of Douglas J. Moo, *The Epistle to the Romans*, *Bib* 78 (1997): 432-45.
44) Moisés Silva, "Law in the New Testament," *WTJ* 53 (1991): 339-53, 특히 347-53.

식하는 것이 더 좋을 것이라고 제안한다. 개신교 신학이 한 면을 과소평가한 반면에, 새로운 관점은 또 다른 극단으로 나아갔다.[45]

실바에 의하면, 칭의 교리는 "개념적인 접착제"(conceptual adhesive)로 기능하고, 바울의 교훈의 많은 부분을 이해하는 데에 도움을 준다. 그러면서도 그는 이 문제에서 유대인-이방인의 문제로 관심을 옮기는 주석가들에게도 부인할 수 없는 일리가 있다는 것을 인정한다.[46] 갈라디아서 3장에 대한 종교개혁자의 주석은 예를 들어 바울은 아브라함의 자손인 것에 지대한 관심을 갖고 있었다는 것을 제대로 지각함으로써 수정될 필요가 있다.[47] 실바의 관심은 갈라디아서 메시지의 구원사적 토대에 대한 완전한 인정이 전통적인 개신교 이해의 포기를 요구하지 않는다는 것을 분명하게 보여주는 것이다.[48] 그럼에도 갈라디아서의 다양한 관련 구절에 대한 그의 석의적인 논의는 보증이 없는 자기-의의 개념보다는 의와 생명의 관계에 더 많은 관심을 보인다. 그는 이전의 빌립보서 주석서에서 이 주제를 좀 더 간략하게 다뤘었다.

많은 주석가와는 달리, 실바는 갈라디아서에 부활 언어가 들어 있고 또 그것이 생명의 주제와 종말론적으로 연결되어 있다고 본다. 갈라디아서 2:19-20을 주석하면서 그는 비록 이런 언어가 이 단락에서 사용되지는 않지만 이 개념은 잠재해 있고 피해갈 수 없다고 설득력 있게 주장한다. 바울은 자기는 죽었고 새로운 생명으로 일으킴을 받았다고 주장하는데, 이 주장은 종말론적이다. 게다가 바울은 하나님과 율법을 대립시키기까지 하는데, 이 대립은 그로 하여금 율법에 대해서 죽게 한 것은 바로 율법이었다는 그의 말에 의해서 잘 이

---

45) Silva, *Explorations*, p. 160.
46) *Ibid.*, pp. 148-49.
47) *Ibid.*, p. 160.
48) *Ibid.*, p. 170.

해되어야 한다. 이것이 바울은 율법을 의도적으로 한 가지 이상의 의미로 언급했다는 명백한 증거이다. 이 대립은 율법에 의해서 표현되는 옛 존재와 그리스도의 십자가 죽음으로 가능하게 된 새로운(종말론적) 생명 사이에 놓여 있다.[49] 실바는 단지 하나의 명백한 모순에 대해서 말하고 있다는 것을 파악하는 것이 중요하다. 비록 실바가 조직적으로 사고하는 것과 조직적인 논문을 쓰는 것을 구분하기는 하지만, 그는 바울은 일관적이고 조직적인 사상가라고 확신한다.[50]

실바의 종말론적 인지(awareness)는 갈라디아서 3:2-5을 논의하는 중에, 바울은 *pistis/erga nomou*(믿음/율법 행위)의 대조와 *pneuma/sarx*(영/육)의 대립을 결합시킴으로써 유대주의자의 메시지를 구원사의 이전 단계에 속하는 것으로 기술한다는 그의 말에서 다시 한 번 전면에 드러난다. 그렇게 그는 율법 행위에 근거를 두는 존재 방식은 종말론적 관점에서 볼 때에 낡은 것이라고 효과적으로 주장한다. 사람이 어떻게 아브라함의 자녀가 되느냐는 질문은 갈라디아서 3:8, 14, 16과 연계하여 다루어진다. 실바는 갈라디아서 3장에 대한 전통적인 개신교의 석의는 이 단락에서 유대인-이방인 이슈가 갖고 있는 우선권(primacy)을 충분히 인정하지 않는다고 밝힌다. 그는 약속과 성취가 강조되는 것과 3:14에서 성령 수여가 아브라함 약속의 성취로 간주되는 것을 지적한다. 이 구절들이 분명하게 이방인들을 가리키는 것도 중요하다. 1:16처럼, 이방인의 복음화는 특성상 종말론적인 개념이다.[51]

실바에 따르면, 갈라디아서에서 율법의 기능을 이해하는 데에 핵심적인 세 구절은 3:21과 3:18과 3:12이다. 3:21에서 강조돼야 하는

---

49) *Ibid.*, p. 175.
50) *Ibid.*, pp. 143-50.
51) *Ibid.*, pp. 176-77.

것은 바울은 여기에서 율법이 어떤 의미에서 긍정적으로 또 어떤 의미에서 부정적으로 간주되는지 밝힌다는 점이다. 율법은 아브라함 약속에 표현된 하나님의 구원 의지와 조화를 이룬다는 점에서 긍정적으로 평가된다. 비사실적 조건문을 사용하여 표현된 부정적인 요소는 두 가지이다. (1) 율법은 생명을 제공하지 못한다. (2) 의는 율법으로 말미암지 않는다. 바울은 율법이 그 조건 아래서 약속과 갈등을 일으키는 것으로 간주되는 것을 지적함으로써, 율법은 약속과 대립하지 않는다고 분명하게 주장한다. 만약 율법이 의의 구원이라면 즉 만약에 율법이 생명을 제공한다면, 율법은 약속과 경쟁할 것이다. 하지만 실제로는 율법은 생명을 제공하지 못한다. 율법은 약속을 방해하지 않았다. 오히려 모든 인류를 죄 아래에 가둠으로써 약속을 도와주었다(3:22-23).

"율법"(nomos)과 "할 수 있다"(dynamenos)와 "생명"(zōopoiēsai)의 결합은 로마서 8:3을 떠올린다. 거기에는 구문상의 유사점뿐만 아니라 상당한 내용상의 유사점도 있다. 로마서 8:3은 갈라디아서 3:22-23처럼 죄와 연관돼 있는 모세 율법과 갈라디아서 3:14의 하나님의 구원 약속에 상응하는 생명을 주는 성령이라는 두 원칙을 대조한다. 게다가 로마서 구절은 갈라디아서 구절에서는 단지 암시적인 것을 명백하게 만든다. 즉 율법을 구원 사역에 무력하게 만드는 장애물은 육체의 약함이라는 것이다. 사람들은 자신의 죄와 잘못 가운데 죽었고, 그 결과 계명들은 아무런 소용도 없다. 영적 생명 없이는 인류는 율법에 기록되어 있는 것을 성취할 수 없다. 그래서 저주 아래에 놓이게 된다.

갈라디아서 3:18-21의 조건절에 대한 내용상의 병행이 3:18에 나타난다. 이 구절은 유업(inheritance)이라는 용어를 3:21의 "의" 및 "생명"과 동등한 의미로 사용한다. 비록 바울이 "사실적" 조건문을 사용하더라도, 그것이 그가 그 조건을 사실로 인정하는 것을 의미하지는 않는다. 요점은 유업은 율법에 의존할 수 없다는 것이다. 그렇지 않으면 약속은 무효화되기 때문이다(갈 3:17). 3:21은 본질적으로 3:18의 논지를 좀 더 구체적으로 재론하는 것이라는 사실을 석의 시에 고려해야 한다.

보통은 루터 전통 안에서와 세대주의 해석가들 사이에서, 때로는 개혁 신학자들 사이에서도, 갈라디아서 3장은 바울이 율법과 약속을 상반되는 것으로 본다는 증거로 인용되어 왔다. 하지만 실바에 의하면, 그와 정반대로 이 단락의 요지는 바로 그런 대립을 부인하는 것이라고 주장할 수 있다. 이 단락의 논증의 흐름을 보면, 바울은 지금 유대주의자 대적자의 고소에 대응하고 있는 것 같다. 이 대적자가 아브라함 언약의 무효화 또는 변경을 원했을 것이라고 믿을 이유는 없다. 모든 조짐에 의하면, 그들은 이방인이 아브라함의 자녀가 받는 유업에 참여하기를 원했다. 하지만 그들은 이 복은 오직 할례에 복종함으로써만, 그렇게 유대인이 됨으로써만 받을 수 있다고 주장했던 것으로 보인다.

두 언약의 양립성에 관한 질문을 불러일으킨 것은 유업은 아브라함에게 주신 하나님의 약속에 의존하기 때문에 할례는 불필요하다는 바울의 주장이었다. 유대주의자는 바울은 그렇게 함으로써 두 언약을 서로 대립시킨다고 주장했을 것이다. 바울은 실제로 율법과 약속을 대립시키는 것은 유대주의자라고 대답한다. 왜냐하면 그들은 아브라함 약속이 갖고 있는 은혜의 특성을 인식하지 못함으로써, 율법 준수를 단 한 번도 율법이 소유하도록 의도되지 않았던 수준으로까지 끌어올려 놓았기 때문이다. 그렇게 함으로써, 비록 무의도적으로라도, 그들은 약속을 무시했다. 이 모든 것은 갈라디아서 3:17에 암시되어 있고, 접속사 *gar*(왜냐하면)로 시작되는 3:18은 3:17에 암시되어 있는 비난을 논리적으로 전개하는 기능을 갖고 있다. 유대주의자는 유업은 율법에서 온다고 전제하고 있다고 간주하는 바울은 그의 모든 논의를 통하여 바로 이 기본적인 논쟁점의 정체를 밝힌다. 이 논쟁점은 이전에 하박국 2:4에 의해서 뒷받침된 성서적인 원칙과 상반되기 때문에 그는 이 논쟁점을 극구 거부한다. 대립은 율법과 약속 자체에 있는 것이 아니라 율법으로 인한 유업과 약속으로 인한 유업 사이에 있다. 바울이 비판하는 것은 전반적인 율법이 아니라 단지 율법이 생명의 근원이라는 사고이다.

갈라디아서 3:21에서 바울은 율법이 생명을 낳는다는 생각을 거부한다. 이것은 갈라디아서 3:12에 나오는 레위기 18:5과 하박국 2:4 두 성구 인용을 이해하는 데에 유용할 수 있다. 레위기 구절은 갈라디아서 3:21에 의해서 정면으로 반박되는 것처럼 보인다. 하지만 3:21에 나오는 "율법"에 대한 비판이 "생명의 근원으로서의 율법"에 국한되는 것은 - 바울이 율법의 의롭게 하는 기능에 초점을 맞추고 있는 3:11 직전의 문맥과 함께 - 3:12에 나오는 바울의 언급이 율법 전체에 대한 것이 아니라는 것을 말해준다. 실바에 의하면, 바울은 율법이 생명으로 인도한다(leading to)고 보았지만, 율법이 의와 생명의 근원(source)이 될 수 있다는 주장에는 극렬하게 반대했다. 이렇게 루터 정통주의와 고전적 세대주의와 대립하여 자신을 개혁주의 전통에 위치시키면서 실바는 바울의 율법 비판은 오직 그것의 구원론적인 기능과만 관련되어 있다는 주장을 강력하게 펼친다. 오직 이 관점에서만 율법은 예비적이고 생명을 주지 않는다.[52]

비록 이 편지 앞부분에 들어있는 종말론적 함축은 피상적인 독서 때문에 간과되었더라도, 갈라디아서 3:19-4:7은 구원사적 시대로서의 율법의 시대는 이제 끝이 났다는 것에 의심의 여지를 남겨두지

---

52) *Ibid.*, pp. 187-95.

않는다. 이 율법의 "끝"은 믿음의 도래와 연결되고, 구원사의 새로운 무대는 하나님의 약속이 기대 이상으로 성취되는 때의 도래와 동등시된다. 이제 이방인들은 아브라함의 자녀일 뿐만 아니라(3:29) 하나님의 자녀로도 여겨진다(3:26; 4:6-7).

실바는 세 가지를 더 살펴볼 필요가 있다고 믿는다. (1) 구원사의 보편적이고 "객관적인" 사건들에 대한 바울의 강조가 이 사건들의 개인적이고 "주관적인" 적용에 대한 관심을 배제시키는 것은 아니다(3:27; 4:5; 4:6). (2) 예를 들어 이방 환경에서 갈라디아인이 이전에 행했던 의식주의를 유대교의 율법적 요구와 연결시킬 때처럼(4:8-11), 바울은 유대인의 경험과 이방인의 경험 사이를 자유롭게 오간다. 바울이 묘사하는 영적 속박에 대한 경험과 감각은 결코 율법 아래에서 살았던 이스라엘 사람들만이 가졌던 배타적인 것이 아니었다. (3) 율법의 시대는 끝났다는 사실이 율법은 더 이상 존재하지도 않고 경험적으로 기능하지도 않는다는 것을 의미하지는 않는다. 반대로 그리스도의 도래로 믿음의 시대가 시작되었다는 주장이 십자가 전에는 믿음을 경험할 수 없었다는 것을 의미하지도 않는다. 그럼에도 불구하고 이 두 관점은 구분되어야 한다.[53]

갈라디아서 4:25-27을 주석하면서 실바는 좁스(Karen H. Jobes)의 1993년의 논문을 언급한다.[54] 그는 바울의 이사야 54:1(LXX)의 인용은 그의 논지를 촉진시킨다고 주장한다. 왜냐하면 실제로 사라는 아들을 낳았기 때문이다. 열쇠는 예수님의 부활이다. 바울은 이 부활을 이사야 26:1을 따라서 잉태하지 못하는 예루살렘을 신실한 모-도시

---

53) Ibid., pp. 177-80.
54) Karen H. Jobes, "Jerusalem, Our Mother: Metalepsis and Intertextuality in Galatians 4:21-31," WTJ 55 (1993): 313-15. 좁스는 Richard B. Hays, Echoes of Scripture in the Letters of Paul (New Haven, Conn./London: Yale University Press, 1989), p. 120의 제안에 근거를 둔다.

(mother-city) 예루살렘으로 변화시키는 기적적인 출생으로 해석했다. 실바에 의하면, 좁스는 예수님의 부활은 가장 기본적인 차원에서 갈라디아서의 논지를 알려준다고 본다.[55]

갈라디아서 5장과 6장을 논의하면서 실바는 5:6과 6:15 사이에 있는 병행을 (그리고 고전 7:19과의 연관도) 지적한다. 여기에서 "사랑으로 역사하는 믿음"은 서로의 짐을 짐으로써 그리스도의 율법(Law of Christ)을 성취하는 것을 포함하는 행동에서 드러나는 새로운 창조와 명확하게 동일시된다. 하지만 5:16-26의 강한 도덕적 특성 때문에 2:20을 반영하는 5:24-25의 명백한 종말론적 차원을 무시해서는 안 된다. sarx/pneuma(육/영)의 실현된 차원과 미래적 차원 사이의 기본적인 연속성은 6:8에서 분명하게 드러나는데, 이 구절은 편지 전체에서 암시된 것을 명확하게 언급한다.[56]

결론부인 갈라디아서 6:13-17에서는 바울의 논지를 전해주는 묵시적 모순을 강조한다.[57] 비록 여기에서는 의와 믿음이라는 주제가 두드러지지 않더라도, 이 구절들은 그리스도의 십자가가 구원사의 결정적인 사건이라는, 옛 시대를 끝내고 새로운 창조를 시작하는 사건이라는 주장이 바울의 중심 논지임을 보여준다.[58] 이렇게 결론부는 편지의 근본적인 신학적 이슈를 날카롭게 제시한다. "다른 복음"의 치명적인 약점은 그것은 그리스도의 십자가와 양립할 수 없다는 것이다. 실바는 이것이 맞았다면 바울의 기본적인 비판은 그의 대적자가 그리스도의 십자가 죽음의 종말론적 의미를 인식하지 못하고 할

---

55) Silva, *Explorations*, pp. 180-81.
56) *Ibid.*, pp. 181-84.
57) 여기에서 실바는 J. Louis Martyn, "Apocalyptic Antinomies in Paul's Letter to the Galatians," *NTS* 31 (1985): 410-24, pp. 412-24를 인용한다.
58) 여기에서 실바는 Jeffrey A. D. Weima, "Gal 6:11-18: A Hermeneutical Key to the Galatian Letter," *Calvin Theological Journal* 28 (1993): 90-107, pp. 103-4에게 동의한다.

례라는 옛 "세상"에 남아 있으려고 했다는 것이라고 결론을 내린다. 반면에 새로운 창조에 속한 사람은 그 십자가의 죽음을 공유하고 그래서 더 이상 옛 시대에 살지 않고, 다른 존재 양식을 따라서 즉 성령의 인도를 따라서 살고 그래서 하나님의 참된, 종말론적 이스라엘을 이룬다.[59]

5. 요약

이 장에서 특히 마지막 단락에서 다룬 학자와 제5장에서 다루는 학자 사이의 주요 차이점은 후자는 루터/불트만의 입장을 변호하는 데에 훨씬 적은 관심을 기울이고 (비록 이 입장의 어떤 요소들은 계속 견지되어야 한다는 데에 반대하지는 않지만) 바울의 전체적인 일관성에 관한 질문에 더 많은 관심을 기울인다는 것이다.

---

59) Silva, *Explorations*, p. 184.

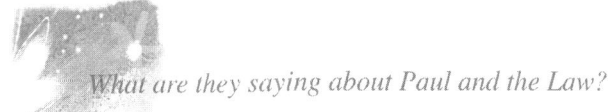

제 5 장
지평의 확장

이 장에서 다루는 학자의 일차적인 질문은 "바울의 율법 이해가 응집력과 일관성이 있는 것을 어떻게 보여줄 수 있는가?"이다. 이 이슈에 관해서는 이 그룹의 학자는 일반적으로 제3장에서 다룬 학자와 의견이 일치한다. 하지만 이들은 로마서와 갈라디아서를 넘어 바울의 다른 편지들도 포함하도록 논의를 확장함으로써 논의를 더 넓은 영역으로 옮기려고 한다. 이들은 단지 빌립보서 3:9만이 아니라 빌립보서 전체를, 나아가 데살로니가전후서와 고린도전후서를 언급한다. 빌립보서 3:9은 불트만 이래로 종종 언급되었지만 근래까지 자세히 논의되지도 않았고 빌립보서의 나머지 부분도 논의에 끼어들지 않았다. 하나님으로부터 온 의의 성격에 대한 불트만의 묘사를 수정하려고 시도했던 케제만(E. Käsemann)과 같은 학자들은 고린도전후서를 논의하기도 했지만, 바울에 대한 "새로운 관점"을 주창하고 발전시킨 학자들은 주로 갈라디아서와 로마서에 집중했다. 이 장에서 다루는 많은 학자들에 의하면, 바울의 관점에서 율법의 문제는 그것이 죄성(sinfulness)과 연결돼 있다는 것이다.

1. 람브레히트와 그의 제자들

1986년의 논문에서 갈라디아서 3:10-14을 자세히 다루면서 람브레히트(Jan Lambrecht)는 이 단락에 근거해서 바울의 율법 이해를 비일관적이라고 비난할 수는 없다고 논증한다. 그는 서로 다른 네 관점의 학자가 이 단락에서 근거를 찾았다고 말한다. (1) 율법과 죄는 관련되어 있다는 그리고 율법 전체는 지켜질 수 없다는 사실을 고집스럽게 강조하는 빌켄스(U. Wilkens)의 관점이다. (2) 설령 율법을 다 지킬 수 있다고 하더라도 율법은 선천적으로 자랑하는 자기-의와 연결되어 있다고 보는 불트만(R. Bultmann)의 입장이다. (3) 바울이 "율법 행위"로 지칭하는 것은 일차적으로 할례, 음식 규정, 절기 준수 등과 같은 "정체성 표지"라고 보는 던(J. D. G. Dunn)의 입장이다. (4) 의는 오직 그리스도를 통해서만 발견되기 때문에 율법은 의로 인도하지 않는다고 보는 샌더스(E. P. Sanders)의 입장이다.

람브레히트는 불트만의 입장을 단호하게 거절한다. 그는 율법 행위로 의를 추구하는 사람에게 저주가 생기는 이유는 율법 전체를 지킬 수 없는 그들의 죄에 물든 무능력(sinful inability) 때문이라고 주장한다. 할례와 같은 제의적 규정을 준수하는 것이 잘못인 이유는 그것이 자랑스러운 "자기-의"이기 때문이 아니라 그리스도의 도래 이후에 그런 "자기-의"를 추구하는 것은 그리스도 안의 하나님의 주도권을 오해하는 것이기 때문이다. 람브레히트는 이 본문은 이 주제를 다루는 바울의 많은 본문들 중의 하나일 뿐이라고, 그래서 그림을 완성하려면 다른 본문들도 살펴봐야 한다고 경고하면서 끝을 맺는다. 특별히 로마서 10:2-3과 빌립보서 3:3-11이 자기-의를 자랑하는 태도를 거부하는지 살펴보아야 한다.[1]

람브레히트의 미국인 제자 버클(John Buckel)은 1993년의 갈라디아서를 다룬 책에서 "칭의의 수단인 토라와 관련해서 바울이 갖고 있던 주된 어려움은 율법은 그리스도가 아니라는 것이다"라는 점과[2] 바울에게 또 다른 주된 문제는 율법은 구원을 보편적으로 유용하게 만들지 않는다는 것이라는 점에서 샌더스와 의견을 같이 한다.[3] 버클은 성서 본문을 분석할 때는 그 본문의 사회적이고 역사적인 내용을 고려해야 한다는 데에는 동의하지만, 왓슨(F. Watson)의 사회학적 주장을 받아들이지는 않는다. 버클에 의하면, 단지 몇 구절만이, 그것도 아주 약하게, 바울이 의의 획득 수단으로서의 율법을 거부하는 이유는 그렇게 함으로써 더 많은 개종자가 기독교에 매력을 느끼게 하려는 것이라고 말한다. 버클은 왓슨이 그의 입장을 뒷받침하려고 인용하는 구절조차도 별 설득력이 없다고 본다. 예를 들어 고린도전서 9:21의 그 어떤 것도 "바울의 율법 이해는 부활하신 주님을 만난 그의 경험과 신학적인 반추에 기초를 두고 있다"는 주장을 무력화시키지 않는다. 오히려 고린도전서 8장에 나오는 우상 제물에 대한 바울의 충고는 이런 반추에 근거를 두고 있다.[4]

람브레히트와 그의 제자 톰슨(Richard W. Thompson)은 로마서

---

1) Jan Lambrecht, "Gesetzesverständnis bei Paulus," *Das Gesetz im Neuen Testament*, QD 108, K. Kertelge, ed. (Freiburg/Basel/Vienna: Herder, 1986), pp. 88-127, p. 109. 그의 *Pauline Studies*, BETL 115 (Leuven: Peeters, 1994), pp. 231-270, p. 252에 재인쇄되었다.

2) John Buckel, *Free to Love: Paul's Defense of Christian Liberty in Galatians*, LTPM 15 (Louvain/Grand Rapids, Mich.: Peeters/Eerdmans, 1993), p. 129.

3) *Ibid.*, pp. 125-26.

4) *Ibid.*, p. 123.

3:27-31에 대한 공동연구(1989)[5]에서 앞의 두 장에서 다룬 많은 학자처럼 바울의 율법 이해가 비일관적이라고 비난하는 주장을 거부한다. 그들은 바울이 그리스도 안에 있는 구원의 보편적인 유용성을 강조한다는 점에도 동의하지만, 이 보편성은 이방인뿐만 아니라 유대인도 포함한다는 것을 더 강조하는 경향을 보인다. 비록 그들의 논의가 로마서 8:4과 로마서 4장을 포함하여 로마서 3:17-31에 한정되지만, 그들이 로마서에서 보여주려고 하는 바울의 이해의 일관성은 어느 정도 분명하게 드러난다. 그들은 로마서 3:31에서 바울이 율법을 세운다고 주장할 때에 그는 의식적 율법은 제외하고 도덕적 율법만 세운다는 의미로 이 말을 한다고 보는 학자에게 동의하지 않는다.

그와는 반대로 람브레히트와 톰슨은 "바울이 율법을 세운다고 주장할 때에 그는 모세 율법 전체를 의미한다"는 제안을 한다.[6] 첫째로, 그들은 제의적 율법을 율법의 도덕적 측면에 비해서 이차적인 것으로 또는 주변적인 것으로 간주하는 우리 현대의 관점이 1세기의 유대인으로서 전체 율법을 하나님이 주신 것으로 그리고 개개의 요구를 하나님의 뜻에 뿌리를 둔 것으로 간주했을 바울에게 정말로 적용되는지를 묻는다. 둘째로, 그들은 바울은 "의심할 여지없이," 로마서 2:21-22에서 어느 정도 명백한 것처럼, 율법의 개별적인 요구가 모여져서 하나님의 뜻을 표현한다고 보았다고 주장한다. 거기에서 바울은 율법에 대한 불순종을 비난하면서 도둑질과 간음 같은 도덕적 요소들과 우상숭배 같은 제의적 요소를 둘 다 포함시킨다. 로마서 2:25-29에서도 그는 제의적 요소인 할례를 율법 전체에 대한 순

---

[5] Jan Lambrecht and Richard W. Thompson, *Justification by Faith: The Implications of Romans 3:27-31*, Zacchaeus Studies: New Testament (Wilmington, Del.: Michael Glazier, 1989).

[6] *Ibid.*, p. 57.

종과 관련시키면서 논한다.

그럼에도 불구하고 람브레히트와 톰슨은 예를 들어 할례 명령이 살인 또는 간음 금령과 동등한 무게를 갖고 있다고 보지는 않는다. 그들은 바울은 할례를 도덕적인 삶 안에 종속시킨다고 인식한다.[7] 그들은 바울이 율법을 세우는 방법에 대한 전통적인 유대교의 이해를 단순 반복하는 수준을 넘어섰다는 것도 인식한다. 바울은 율법의 특히 할례의 다양한 측면의 의미(meaning)와 의의(significance) 둘 다를 재해석하는데, 바로 이 재해석 행위가 율법을 세우는 행동이다. 람브레히트와 톰슨은 특히 로마서 4장의 할례의 긍정적인 가치 및 그것과 믿음과의 관계를 3:31의 율법을 세운다는 언급과 연결한다. "로마서 4:9-12에 대한 논의는 할례가 의의 표시(sign)로서의 참 의미와 가치를 부여받는 것은 정확하게 믿음을 통해서 그리고 믿음으로 인한 의를 통해서라는 것을 보여준다… 믿음으로 인한 의에 대한 바울의 교훈은 할례의 의의를 제거하는 것이 아니라 아브라함과 유대 그리스도인들을 위하여 그것을 실제로 세우는 것이다."[8]

1991년의 논문에서 람브레히트는 갈라디아서 3:10-14로 돌아와서 그의 이전의 주장을 약간 수정하면서 다시 언급한다. 특히 던의 제안을 좇아서 "율법 행위"에 대한 이해를 제한하는 것에 주저하는 모습을 보인다. 하지만 근본적으로 이전의 연구에서와 같은 결론에 도달한다. 율법 행위가 의롭게 하지 못하는 이유는 "모든 사람이, 유대인과 이방인 둘 다, 죄를 지었고 그 때문에 죄가 있기 때문이다. 그들을 악하고 저주 받은 상황에서 구하기 위해서 그리스도는 대리적인 저주가 되셔야 한다. 유대인은 율법 행위를 할 수 있다. 율법 행위는 본질적으로는 잘못된 것이 아니다. 하지만 행하지 않은 다른

---

7) *Ibid.*, pp. 56-57.
8) *Ibid.*, pp. 57-59. 인용은 58-59.

행위 때문에 그들은 의롭게 되지 못한다."[9] 하지만 람브레히트는 마지막 단락에서 율법에 대한 다른 부정적인 언급을 살펴봄으로써 논의의 지평을 넓히려고 시도한다.

람브레히트는 이 "해석학적 숙고"라는 단락을 다음의 세 가지 고찰로 시작한다. (1) 던의 주장과는 반대로, 갈라디아서(아마도)와 로마서(거의 확실하게)의 "율법 행위"(works of the Law)라는 표현은 율법이 요구하는 행위의 전체 범위를 가리킨다. (2) 각각 이스라엘 "자신의" 의와 "내[바울] 자신의" 의에 대한 언급이 들어있는 로마서 9:30-10:4과 빌립보서 3:4-9이 정말로 행위-의(works-righteousness)에 초점을 맞추고 있는지 확인해야 한다. 로마서 본문에서 람브레히트는 구원에 무력한 유대교의 방식 즉 율법의 방식과 그리스도 안에서의 하나님의 새로운 주도권 즉 믿음을 통한 구원의 방식이 대조되고 있음을 발견한다. 빌립보서 본문은 율법에 기초를 두는 전형적인 유대교의 의의 독특한 경우로 율법에 신실하게 순종하는 바울의 모습을 그린다. 빌립보서 3:2-3에서 바울은 할례자는 "우리"(그리스도인들)라고 주장한다. 그리스도의 도래 이후에는 열성적인 율법 순종조차도 아무런 도움이 안 된다. 그것은 구원으로 인도하지 않는다. 만약에 그것이 그리스도에 대한 거부와 연결돼 있으면, 그것은 비극적으로 사악하기까지 하다. (3) 로마서 4:2-6과 9:10-13도 해석할 필요가 있다. 람브레히트에 의하면, 전자는 "율법 행위"보다 더 일반적인 의미에서 "행위"에 대해 이야기한다. 모든 사람의 노력은 선물인 하나님의 칭의의 은혜에 의해서 추월당한다. 로마서 9:10-13도 야곱의 선택을 은혜의 선물로 묘사한다. 즉 율법

---

9) Jan Lambrecht, "Vloek en zegen. Een studie van Galaten 3, 10-14," *Collationes* 21 (1991): 133-57. 영역은 "Curse and Blessing: A Study of Galatians 3,10-14," *Pauline Studies*, pp. 271-98. 인용은 "Vloek en zegen," 151; "Curse and Blessing," 289.

행위뿐만 아니라 모든 사람의 행위가 제거된다.

이어서 람브레히트는 "율법 행위 없이"라는 말이 그리스도인은 더 이상 율법의 명령에 순종할 의무가 없다는 것을 의미하는지를 다룬다. 여기에서 그는 1989년의 슈라이너(T. R. Schreiner)의 글을 언급하는데,[10] 슈라이너는 모세 언약과 관련돼 있는 모세 율법은 더 이상 효력이 없기 때문에 민족적이고 제의적인 규정은 폐지되었고 믿는 자는 율법을 악용하는 죄의 세력에서 해방되었다고 주장한다. 바울의 권면은 제의적인 규정은 더 이상 유효하지 않더라고 도덕적인 율법은 여전히 유효하다는 것을 보여준다. 하지만 람브레히트는 바울은 자신의 율법 이해를 제시할 때에 성서를 많이 사용함에도 불구하고, 그의 권면을 새로운 토라로 제시하지도 그의 권고를 성서적인 논증으로 뒷받침하지도 않는다고 경고한다. 게다가 바울은 그리스도인이 율법 행위를 "행한다"(do)고 말하지 않고, 그들은 율법을 "성취한다"(fulfill)고 말한다. 더 이상 율법이 기술하는 것은 "행하는 것"에 초점이 놓여 있지 않다. 그리스도인의 생명과 행실의 근원은 그리스도 또는 그리스도의 영이다.

마지막으로 그는 이 논의가 현대의 그리스도인의 삶에 어떤 상관이 있는지를 다룬다. 람브레히트는 세 가지를 제안한다. (1) 비록 율법주의가 바울의 시대에도 있었고 우리 시대에도 있지만 그리고 바울은 그것을 허락하지 않았지만, 그의 주된 강조점은 유대인과 이방인을 동등하게 대우하는 것이다. 예수 그리스도를 믿음으로 구원을 얻는 방식은 아무런 차별도 없이 모든 사람에게 적용된다. (2) 갈라디아서 3:10-14과 바울의 전체적인 율법 이해가 주는 가장 위대한 가르침은 하나님의 은혜의 우선성이다. 사람의 공로와 상관없이 이

---

10) "The Abolition and Fulfillment of the Law in Paul."

은혜로 복을 받는 것이 "압도적인 구원의 신비"이다. (3) "들어가는 것"(getting in)과 "머무는 것"(staying in)을 나누는 샌더스의 구분은 하나님의 은혜의 우선성을 칭의의 첫 단계에 한정시키는 위험과 그리스도인은 언제 어디서나 하나님의 은혜를 필요로 한다는 사실을 망각하게 하는 위험이 있다. 그럼에도 불구하고 은혜가 갖는 선물의 성격에 대한 바울의 명백한 강조는, "만약 우리가 그리스도인은 칭의 이후에 그리스도의 강한 영을 통하여 사랑 안에서 행해야 하고 이런 방식으로 율법을 성취해야 한다는 것을 동시에 확신하지 않으면, 오해받을 수 있다."[11]

바이른(Brendan Byrne)은 근래(1996)에 람브레히트 및 톰슨의 의견과 어느 정도 비슷한 의견을 내놓았다. 이 연구는 독립적이고 약간 다른 강조점을 담고 있다. 그는 언약 백성까지도 그의 영역 안에 사로 잡아놓고 있는 죄의 우주적인 편재가 율법 아래에서 종말론적 의를 얻으려는 모든 요구를 포기하게 만든다고 주장한다.[12] 율법의 제의적인 규정과는 달리 율법의 핵심적이고 도덕적인 가치는 믿는 자에게 여전히 유효하다고 확신했음에도 바울은 율법의 내용을 뚜렷하게 구분하지는 않았다. 그런 구분은 유대교 안에서도 보이지 않는다. 그러나 바울은 율법이 법으로(as law) 묘사하는 것과 율법이 간직하고 있는 가치 즉 도덕적인 의미에서 인류를 위한 하나님의 뜻으로 밝혀주는 가치 사이를 최소한 암시적으로라도 구분하는 것처럼 보인다. 바이른은 믿는 자에게는 이 가치가 밖으로부터(from without) 법으로 부과되는 것이 아니라 성령의 선물을 통하여 안으로부터(from within) 성취된다고 주장한다. 사랑은 율법의 완성이라(롬 13:10)는 바울의 진술은 단지 상징적이다. 의심 많은 개종자에게

---

11) *"Vloek en zegen,"* pp. 151-57, *"Curse and Blessing,"* pp. 289-96. 인용은 157, 296.
12) Byrne, *Romans*, p. 24.

사랑은 옛 시대에 율법이 요구했던 모든 것을 다 이루고도 남는 길이라고 말해주는 의사 전달 방식이다.[13]

람브레히트의 제자로서 빌립보서를 폭넓게 연구해 온 나는 빌립보서 3:7-11에 나오는 두 종류의 의의 특성을 확인해 보려고 이 본문을 상세하게 검토했다.[14] 본문의 문법과 문장에 대한 자세한 연구를 통해서,[15] 나는 빌립보서 3:9의 "하나님으로부터 온 의"는 다양한 관점에서 바울의 종말론적 목표를 기술하는 단락 안에 나오는 많은 표현과 의미론적 및 문장론적으로 관련되어 있다는 확신을 갖게 되었다. 단 하나를 제외한 나머지 모두가 그 목표를 이미 존재하는 상황 또는 경험의 완성의 관점에서 묘사한다. 반면에 "내 자신의 의"는 상대적으로 독특한 표현이고, 9절의 분사 구문 안에서 아마도 가장 문제가 되는 구절일 것이다. 따라서 그것의 의미는 문맥에서 확인돼야 한다.

많은 학자가 빌립보서 3:9의 교착배열적인 구조가 "내 자신의 의"의 본질에 대한 단서를 제공한다고 제안하지만, 이 제안은 서로 일치하지 않고 거의 항상 몇몇 비교 요소를 생략한다. 구문론적 용어를 사용하자면, 거기에 교착배열법은 없다. "내 자신의 의"와 "그리스도를 믿는 믿음을 통한 그것" 사이의 대립이 있을 뿐이다. 이 구절은 각각 더 수식되는데, 전자는 "율법에서 난 것"에 의해서, 후자는 "믿음에 근거하여 하나님에게서 온 의"에 의해서 수식된다. "믿음"은 바울이 추구하는 종류의 의에 대한 두 묘사에 다 나온다. 빌립보서 3:2-21의 더 넓은 문맥에는 할례를 주창하는 적대자와의 논

---

13) Ibid., p. 395.
14) Koperski, "The Meaning of DIKAIOSYNE in Philippians 3:9," pp. 154-68. *The Knowledge of Christ Jesus My Lord: The High Christology of Philippians 3:7-11*, CBET 16 (Kampen: Kok Pharos, 1996), pp. 191-238에 재인쇄되었다.
15) *Knowledge*, 제3장, pp. 135-90.

쟁도 포함되어 있지만, 빌립보서 3:7-11에는 바울에게 새로운 관점을 제공한 그리스도에 대한 지식이 모든 것을 능가한다는 자각이 지배적이다. 그렇다면 바울은 9절에서 의에 대한 그의 이전의 인식과 그리스도를 아는 관점에서 얻은 새로운 인식을 기술하고 있는 것이다. 이 덕분에 그는 그리스도의 과거의 고난과 그리스도인의 현재의 고통을 메시아 시대의 진통으로 인식할 수 있게 되었다. 이처럼 믿음을 통한 의에 대한 언급은 기독론적 관점이 주를 이루는 문맥에서 나타난다.[16]

게다가 바울이 추구하는 의는, 그 문맥이 이 의를 그리스도에의 참여를 묘사하는 표현과 연결시키기 때문에, 참여적인 성격(participatory character)을 갖는다. 바울의 다른 본문을 훑어보면, 바울의 편지에서 의는 보통 참여적인 언어와 연결돼 있음을 알게 된다. 바울의 의의 개념에 있어서 기독론적 관점이 차지하는 우선성에 대한 또 다른 암시이다. 의가 의존하는 믿음은 그리스도 안에서 성취된 하나님의 약속에 의지하는 것으로 또는 확신하는 것으로 설명된다. 그리스도 안에서 "기뻐하는" 또는 "자랑하는" 데까지 나아간다(빌 3:3). 육체 또는 율법에 의지하는 것은 잘못된 인식을 갖는 것이다. 왜냐하면 그런 행동은 원래 육체 또는 율법에 부여되지 않았던 힘을 그것들에게 부여하기 때문이다. 게다가 그런 의존은 선하거나 중립적인 것은, 하나님이 아닌 다른 것은, 죄의 영역에 흡수될 수 있다는 것을 고려하지 않는다. 유대인의 입장에서 보면, 하나님이 아닌 다른 것을 하나님으로 여기는 것은 우상숭배이다. 바울은 자기도 알지 못하는 가운데 자기도 이 상태에 빠졌다는 것을 인식하게 되었다. 이것이 그가 빌립보서 3:7-8에서 그의 이전의 "유익"(gains)에 대해서 왜 그렇게 강한 어조로 말하는지 설명하는 데에 도움이 될

---

16) *Ibid.*, pp. 222-25; "Meaning," pp. 154-57.

수 있다. 빌립보서에서 바울은, 만약 최후의 구원을 얻기 위해서 그리스도에게 의지하는 것이 믿음이라면, 하나님을 믿고 그리스도를 믿는 믿음은 현재의 상황에서도 그 목표를 붙잡는데 필요한 힘을 공급해 줄 것이라는 점을 분명하게 한다.[17]

빌립보서 3:7-11에는 바울이 부활하신 그리스도를 만나고 나서 한 형태(form)의 유대교에서 다른 형태의 유대교로 회심했다는 견해를 뒷받침해 주는 근거들이 있다. 3:1-6은 논쟁인데, 이 논쟁은 양쪽 진영이 다 자신과 상대방을 유대인으로 또는 유대인이기를 주장하는 사람으로 간주하는 상황에서만 말이 된다. 빌립보서 3:7-11에서 바울은 유대교의 특권만이 아니라 모든 종류의 특권을 거부하기 때문에, 이 구절에 대한 불트만의 해석은 배제된다. 모든 유익(gain)이, 타고난 유익이든 바울 자신의 수고의 유익이든, 이제는 손해(loss)로 인식된다. 바울은 "내 자신의 의"의 의미가 자명하지 않다고 생각하거나 (불트만은 그렇게 생각한다) 보충 설명을 하지 않으면 오해될 수도 있다고 생각한다. 그래서 "율법에서 난 것"이라는 형용사 구문으로 보충 설명을 한다. 구문론적으로 두 번째 표현이 첫 번째 표현을 규정한다. 거부되는 것은 개인적인 독특성(singularity)의 측면이 아니라 구원은 의식적으로 율법을 지키는 사람에게만 주어진다고 보는 시각에서 나오는 배타성(exclusiveness)의 측면이다. 로마서 10:3처럼, 근본적인 잘못은 교만이 아니라 무지이다. 바울은 예수 그리스도를 주(Lord)로 아는 관점으로부터 그의 잘못을 깨닫는다. 흠이 없기를 원하는 자기의 갈망을 교만의 특징으로 비난하기는커녕, 그는 빌립보 교인이 "그리스도의 날에 진실하고 허물이 없기를"(1:10) 그리고 "흠이 없기를"(2:15) 기도한다.[18]

---

17) *Ibid.*, pp. 225-28; "Meaning," pp. 158-61.
18) *Ibid.*, pp. 229-32; "Meaning," pp. 161-63.

하나님의 지식에 대한 성서적인 개념을 거부하기보다는, 빌립보서 3:7-11에서 바울의 주장은 하나님의 지식과 그리스도의 지식을 동일시하는 데까지 나아간다. 미리 복음을 전해들은 아브라함(갈 3:8)을 제외하고는 바울은 그리스도인이 아닌 어떤 유대인도 "믿는 자"로 부르지 않는다. 의에 의지하는 믿음은 하나님을 믿는 믿음과 그리스도를 믿는 믿음을 분리시킬 수 없다. 그래서 레이제넨(H. Räisänen)은 바울은 단순히 배타적인 유대교의 주장을 배타적인 기독론적 주장으로 대체하고 있을 뿐이라고 결론짓는다. 하지만 바울이 묘사하는 그와 그리스도와의 관계는 믿음으로 그것을 받아들이려는 모든 사람에게 유용하다는 전제가 빌립보서 3:7-11과 바울의 모든 글의 기저에 들어있다. 이 관계는 특권일 수 있다. 하지만 이 관계로의 접근은 특권에 의해서 제한되지 않는다. 그리고 이 관계 안에서는 특권 또는 우월에 대한 전통적인 명칭이 더 이상 적용되지 않는다(갈 3:28). 바울이 추구하는 의는 분명히 하나님의 선물이지만, 이 선물은 사람의 노력을 포함하는 사람의 반응을 요구한다. 빌립보서 2:12는 공동체에게 "두렵고 떨림으로 네 자신의 구원을 이루라. 왜냐하면 하나님이 네 안에서 일하고 계시기 때문이다"라고 말한다.[19]

빌립보서 3:9을 이해하는데 기본적인 질문은 아마도 "율법이 갖고 있는 잘못이 무엇인가?"보다는 "바울의 이전 율법 이해가 갖고 있는 잘못이 무엇인가?"일 것이다. 대립은 사람의 자랑하는 태도와 하나님의 은혜 사이에 있지 않고, 사람의 두 태도 사이에 즉 사람의 두 이해 사이에 있다. 한 이해의 특징은 그리스도 안에서 메시아 시대가 시작되었다는 것을 알지 못하는 것이고, 다른 이해의 특징은 "예수 그리스도를 내 주님으로 아는 것"이다. 이 단락에서 힘(power)은 케제만(E. Käsemann)이 제시하는 것처럼 새로운 창조와 관련해서

---

19) *Ibid.*, pp. 232-34; "Meaning," pp. 164-66.

언급되지 않고, 바울의 과거에는 인식의 전환을 촉진한 힘으로, 현재에는 그를 그리스도의 죽음에 일치시키는 힘으로, 미래에는(빌 3:20-21) 그와 그의 형제자매 그리스도인을 영광의 그리스도의 모습으로 변화시킬 힘으로 묘사된다.[20]

앞에서 언급한 콜린스(John J. Collins)의 연구에 의하면, 지혜자(the wise)는 의인(the righteous)과 동일시될 수 있다. 이 연구는 내게 바울의 의 개념과 그의 성서적 지혜 배경의 관계를 더 살펴보는 것이 바울과 율법에 대한 논의에 도움이 될 거라는 암시를 줬다. 나는 빌립보서 3:7-11을 다룬 1996년 책의 마지막 장에서 이것을 탐구하면서[21] 성서적 지혜 문서에서 지식(*gnosis*)과 지혜(*sophia*)와 의(*dikaiosynē*) 용어 사이의 관계를 밝혀냈다. 여기에서 다룬 예에는 잠언 1:20-22과 의인의 죽음과 회복을 다루는 지혜서 2-5장과 16-19장이 포함된다.[22] 또 논란이 되지 않는 바울의 편지의 지혜 배경도 살펴보았는데, 거기에는 의와 지혜/지식 용어의 연결이 끊임없이 나타나며 항상 논쟁적인 문맥에서만 나타나는 것은 아니다.[23] 이처럼 나는 바울은 주로 유대적인 유산의 영향을 받았고 계속해서 자신을 유대인으로 여겼다고 보는 학자의 진영에 속한다. 나는, 이전에 시락

---

20) *Ibid.*, pp. 236-37; "Meaning," p. 168.
21) *Ibid.*, pp. 287-342.
22) *Ibid.*, pp. 293-301. 지혜서는 개신교 전통에서는 정경으로 인정받지 못했다. 하지만 나는 바울을 포함하여 신약성서 저자들은 이 책을 그들의 성서의 일부로 여겼다고 생각한다. 이것은 바울이 십자가에서 죽은 그리스도를 하나님의 지혜로 언급하는 고전 1:24, 30에서와 지혜서 7장이 사용되는 골 1:15-20과 히 1:1-3 특히 3절에서 암시된다.
23) *Ibid.*, pp. 301-21. Veronica Koperski, "Knowledge of God and Knowledge of Christ in the Corinthian Correspondence," in *The Corinthian Correspondence*, BETL 125, Reimund Bieringer, ed. (Leuven: Peeters, 1996), pp. 183-202도 보라. 고린도전후서에 나오는 "하나님의 지식/그리스도의 지식" 단락들을 빌3:7-11과 비교하면서 상세하게 탐구한다.

서 24:1-29과 바룩서 3:9-4:4의 저자 같은 사람이 여성 지혜(Woman Wisdom)와 토라(Torah)를 동일시했던 것처럼, 바울로 하여금 유대교에서 율법이 차지하고 있던 바로 그 자리에 그리스도를 등극시키게 한 것은 - 그 놀라운 가치의 전도를 가능하게 한 것은 - 바로 성서적인 지혜 문서와 바울의 성서적인 유산에 아주 분명하게 나타나는 신적 지혜(divine Wisdom)의 관점이라고 믿는다.

2. 죄의 세력의 지배 하의 율법: 스노드그래스와 슬로안

1988년에 스노드그래스(Klyne Snodgrass)는 율법에게 결정적인 요소는 그것이 위치해 있는 영역(sphere)임을 인식하면, 바울의 분명히 비일관적인 율법 진술들을 논의할 때에 도움이 될 것이라는 제안을 했다. 율법은 그리스도의 영역에서 사용되는 것이 맞지만, 죄에게 "인계돼서"(taken over) 죄에게 사용당할 수도 있다. 죄의 영역에서는 율법은 부정적인 것이고 죽음을 야기한다. 하지만 원래의 영역에서는 하나님의 뜻을 밝혀주고 생명을 위하는 것이다(롬 8:7; 7:10). 갈라디아서에도 나타나는 영향의 영역이라는 개념은 로마서 3:27-31; 4:13-16; 5:20; 7:1-6; 7:21-8:7에 나오는 바울의 *nomos*의 용법을 밝혀준다.[24]

여기에서 제시된 기본적인 아이디어는 많은 학자에 의해서 다소간 독립적으로 인식되어 왔다. 그들 중 어떤 학자는 "세력"(*dynamis*) 또는 "영역" 언어를 사용한다. 예를 들어, 아놀드(Clinton E. Arnold)는 1992년의 『어둠의 세력들』(*Powers of Darkness*)에서 바

---

24) Klyne Snodgrass, "Spheres of Influence: A Possible Solution to the Problem of Paul and the Law," *JSNT* 32 (1988): 93-113.

울은 유대교의 율법과 이방 종교를 둘 다 "사탄과 그의 세력들"에 의해서 탈취당한 것으로 묘사한다고 지적한다.[25] 다른 학자는 좀 더 일상적인 용어를 채택한다. 예를 들어, 피츠마이어(J. A. Fitzmyer)는 율법을 죄의 "앞잡이"라고 부르고,[26] 웬햄(David Wenham)과 바이른(B. Byrne)은 율법을 죄에게 "납치당한" 것으로 설명한다.[27] 바이른은 율법을 "진범인 죄가 꾸민 음모의 도구"로 묘사하기도 한다.[28] 이전에 슐리어(Heinrich Schlier, 1977)[29]와 빌켄스(U. Wilckens, 1978-82)[30]는 각자의 로마서 주석서에서 로마서 7:22-26의 "죄의 율법"은 죄의 세력에 의해서 지배되고 타락한 모세 율법을 가리킨다고 이해했다. 하일(John Paul Heil, 1987)[31]은 이 해석을 따랐다. "세력들"과 "영향의 영역들"에 대한 근본적인 생각은 많은 학자들에게 거의 자명한 것처럼 보인다. 하지만 스노드그래스만이 이것을 바울의 율법 이해에 나타나는 뚜렷한 비일관성을 조화시키는 도구로 제안한 것 같다. 슬로안(Robert B. Sloan)은 이 개념을 더 확장 및 발전시킨다.

바울과 율법에 관한 1991년의 논문에서 슬로안은[32] 바울이 느끼는 그리스도의 매력을, 스노드그래스가 제안한 세력의 영역이라는 개념

---

25) Clinton E. Arnold, *Powers of Darkness* (Downers Grove, Ill.: InterVarsity, 1992), p. 132.
26) Joseph A. Fitzmyer, "Pauline Theology," *NJBC*, Raymond E. Brown, Joseph A. Fitzmyer, and Roland E. Murphy, eds. (Englewood Cliffs, N. J.: Prentice-Hall, 1990), pp. 1382-1416, p. 1404, #93.
27) David Wenham, *Paul: Follower of Jesus or Founder of Christianity?* (Grand Rapids, Mich./Cambridge, U. K.: Eerdmans, 1995), p. 226.
28) *Romans*, p. 220.
29) Heinrich Schlier, *Der Römerbrief: Kommentar*, HTKNT 6 (Freiburg im Breisgau: Herder, 1977), p. 234.
30) Ulrich Wilckens, *Der Brief an die Römer*, EKKNT 6, vol. 2 (1980), pp. 89-94.
31) John Paul Heil, *Romans: Paul's Letter of Hope* (Rome: Biblical Institute Press, 1987), p. 48.
32) "Paul and the Law: Why the Law Cannot Save," *NovT* 33 (1991): 35-60.

을 끌어들이면서, 그의 메시아적 기대와 관련시켜 설명한다.[33] 슬로 안은 율법이 죄의 세력의 지배를 받게 된 것으로 본다. 로우랜드와 시걸처럼, 슬로안도 바울을 여전히 유대교에 남아있는 사람으로 간주한다. 샌더스와 레이제넨은 바울을 비일관성의 비난에 무방비로 남겨둔다는 던의 주장에 동의하면서도,[34] 슬로안은 던의 해결책 - "율법 행위"에 대한 바울의 비판은 율법 자체에 대한 비판이 아니라 단지 율법을 배타적이고 인종적으로 사회적 정체성을 규명하는 편협한 도구로 사용하는 것에 대한 비판 - 도 적합하지 않다고 생각한다. 왜냐하면 그런 견해는 비난을 율법 자체에서 율법의 오용, 왜곡, 오해로 옮기는 것이기 때문이다. 슬로안에 따르면, 그렇게 하는 것은 율법을 "'노예로 삼는' 것(롬 6:15; 7:1-4), '죽음을 가져오는'/'죽이는' 것(롬 7:5, 8-13; 고후 3:6), '진노를 초래하는' 것(롬 4:15), '죄를 증가시키는' 것(롬 5:20; 7:5, 8-13; cf. 갈 3:19), 그리스도 안에 있는 사람은 그것으로부터 '해방' 되는 것(롬 6:15; 7:6; 갈 3:23, 25; 4:4, 5; 5:1; 고후 3:14-17)" 등으로 묘사하는 표현들을 지나치게 부드럽게 만든다.[35]

슬로안은 그의 논지의 기초를 이루는 다섯 가지를 제시한다. (1) 토라의 통일성(unity)은 견지되어야 한다. 바울은 율법의 이중적인 사역(구원하는 일과 방해하는 일)을 설명하기 위해서 이중적인 언어를 사용할 수 있다. 그러나 그가 두 율법에 대해서 이야기하는 것은 아니다. 특히 로마서 7:7-25의 이중적인 언어는 한 율법의 서로 다투는 두 기능/사역 아래에 놓여 있는 사람의 상황을 반영한다. 토라의 통일성을 강조하는 점에서 슬로안은 람브레히트 및 톰슨과 일치한다. (2) 바울과 1세기의 유대교 둘 다 율법은 하나님이 주신 것

---

33) *Ibid.*, p. 53, n. 56.
34) *Ibid.*, pp. 37-38.
35) *Ibid.*, pp. 39-40. 인용은 40쪽.

이고, 그래서 거룩하고 의롭고 선하다고 확증한다. 바울은 때때로 하나님과 율법의 연결을 약화시킨 것처럼 보인다. 그러나 그의 마음에서 이 연결이 완전히 끊어졌던 적은 단 한 번도 없다. (3) 율법은 그리스도를 가리킨다. (4) 율법은 하나님의 뜻의 계시자인 동시에 죄의 앞잡이이다. (5) 하나님이 주신 하지만 죄에게 흡수된 율법의 어두운 기능이 로마서 5:20; 6:14; 7:1-7 같은 구절들을 설명해 준다.[36]

만약에 바울은 하나님의 선한 율법이 죄의 세력에게 강탈당한 것으로 간주한다는 주장이 받아들여진다면, 바울의 율법 이해의 비일관성은 설명될 수 있다. 하나님의 뜻을 드러내는 도중에 율법은 죄의 세력의 영역으로 끌려들어 간다. 그렇게 해서 죄는 사람의 의지의 힘보다 더 강한 힘을 획득하게 된다(고전 15:56). 이 상황에서 사람의 의지는 하나님의 율법의 정당성을 인식할 수는 있지만, 그에 맞게 행동하지는 못한다.[37] 많은 성서 본문이[38] 하나님을 선한 기능의 영 및 악한 기능의 영과 관련시킨다. "만약에 바울이 이미 그의 종교적/성서적 전통에서 악/심판의 일을 주님에게로 돌리는 능력(ability)을 발견했다면, 바울이 율법의 선은 하나님이 주신 것으로 그리고 율법의 약함(liability)은 죄의 세력의 도구로 주장했다는 것이 왜 상상할 수 없는 것으로 간주되어야 하는가?"[39]

슬로안도 스노드그래스처럼 바울은 여기에서 "세력권"(power spheres)의 관점에서 생각을 전개하고 있다고 본다(cf. 롬 8:2-8; 갈 5:16-17). 하나님의 선한 율법이 육, 죄, 죽음의 영역으로 들어온다.

---

36) *Ibid.*, pp. 46-48.
37) *Ibid.*, pp. 49-51.
38) 삼하 24:1과 대상 21:1을 비교하라. 또 삼상 16:14; 왕상 22:19-23; 시 78:49; 고전 5:5; 10:10; 고후12:7; 계 2:10도 보라.
39) "Paul and the Law: Why the Law Cannot Save," pp. 52-53, 인용은 53. Bo Reicke, "The Law and This World According to Paul," *JBL* 70 (1951): 259-76을 따른다.

이 악한 영역에 맞설 만큼 충분히 강한 유일한 힘은 성령의 영역 즉 "그리스도 안에" 있는 것이고, 이 영역으로 옮겨가는 유일한 방법은 복음을 듣고 믿는 것이다. 율법은 그렇게 죄의 영역으로부터 옮겨질 수 있고, 성령의 영역에서 작동할 수 있다. 이 관점에서 보면, 율법에 대한 바울의 긍정적인 암시와 그리스도인의 순종에 대한 그의 요구는 서로 모순되지 않는다.

슬로안에 의하면, 바울은 율법에 대한 이런 태도를 유대교의 틀 안에서 발전시키고 이것을 이스라엘 전체에게 적용했지만, 율법에 대한 이 견해 자체는 바울 자신의 인격적인 경험에서 나왔다. 람브레히트는 이전(1974-75)에 『그리스도 이전과 밖의 사람: 롬 7장과 바울의 인간론』(*Man Before and Without Christ: Rom 7 and Pauline Anthropology*)에서 로마서 7장을 다루면서 같은 견해를 피력했고,[40] 1992년의 책 『비참한 "나"와 해방: 롬 7-8장의 바울』(*The Wretched "I" and Its Liberation: Paul in Romans 7 and 8*)에서 이 주제를 더 자세하게 다룬다.[41] 1983년의 『바울신학의 심리학적 측면』 (*Psychological Aspects of Pauline Theology*)에서 타이센(Gerd Theissen)은 바울이 빌립보서 3장에서 감춘 것은 그가 로마서 7장에서 발전시킨 것이라는 비슷한 결론을 내린다. "…율법을 향한 그의 열심의 어두운 면이다. 로마서 7장은 예전에 의식하지 못했던 갈등을 의식으로 가져오는 긴 회상적인 작업의 결과이다. 바울은 이 갈등을 보편적으로 인간적인 것으로 여긴다."[42] 슬로안은 바울의 태도

---

40) Jan Lambrecht, "Man Before and Without Christ: Rom 7 and Pauline Anthropology," *LS* 5 (1974-75): 18-33, 특히 pp. 31-32.

41) Jan Lambrecht, *The Wretched "I" and Its Liberation: Paul in Romans 7 and 8*, LTPM 14 (Louvain/Grand Rapids, Mich.: Peeters/Eerdmans, 1992), pp. 74-78, 84-85.

42) Gerd Theissen, *Psychological Aspects of Pauline Theology*, John P. Galvin, trans. (Edinburgh: T & T Clark, 1987). 독일어판은 *Psychologische Aspekte paulinischer Theologie*, FRLANT 131 (Göttingen: Vandenhoeck & Ruprecht,

를 실존적으로 묘사하지만, 이전의 심리적인 좌절을 기초로 삼지는 않는다.43) 오히려 다메섹의 그리스도 현현의 빛 아래에서,

> 바울은 회상 중에 [그의 이전의 존재를] 심리학적으로 파괴적인 것으로, 악마적으로 충동된 것으로, 신학적으로/종말론적으로 눈이 먼 것으로 보게 되었다. 즉 율법에 대한 그의 열심이 그로 하여금 바로 그 희망을, 그의 열심과 종교적인 헌신과 의도가 추구했던 바로 그 희망을 보지 못하게 했다… 바울은 그의 열심에 의한 맹목을 우리가 이데올로기적 열심의 특징으로 부르는 보통의 심리학적 맹목의 범주로서는 이해할 수 없었다. 오히려 바울은 율법에 대한 그의 헌신이 그를 악의 세력에게 내어줬다고 믿게 되었다. 율법 아래에서 열심 있는 사람으로서 그는 (자신도 모르게) 죄의 세력의 희생물이 되었다. 그러므로 바울에게 율법 아래에 있는 사람이 죄와 죽음의 세력에게 왜 그렇게 약한지를 설명해 준 것은 바로 천사들을 통해서 주어진, 그래서 그 자체가 세력 아래에 있는 율법이었다(이것은 우리에게 바울이 그 영역으로 돌아가려는 사람에게 왜 그렇게 격렬한 경고를 하는지를 설명해준다).44)

이렇게 슬로안에 의하면, 바울은 그와 이스라엘이 메시아를 알아보지 못한 것은 그들의 열심의 기능 때문이라고 즉 죄의 세력 아래에 있게 된 율법에 대한 그들의 헌신 때문이라고 설명할 수 있었다. 그럼에도 불구하고 하나님의 신비로운 목적 안에서 바울은 율법의 나쁜 사역도 하나님의 구원의 역사의 틀 안에서 기능하기 때문에 구원의 과정의 일부로 믿을 수 있었다. 율법에 대한 이스라엘의 헌

1983), pp. 234-43. 인용은 242.
  43) Sloan, "Paul and the Law," pp. 53-55.
  44) *Ibid.*, pp. 55-56.

신은 죄의 세력의 공격을 강하게 야기해서, 선을 행하지 못한 책임감이 현저하게 줄어들어 버렸다(롬 7:17). 바울은 이스라엘에게도 자신에게도 도덕적 책임감을 경감시키지 않는데, 이런 책임감은 고집과 실패와 관련해서뿐만 아니라 율법과 의의 추구에 대한 칭찬받을 만한 헌신과 관련해서도 이해되어야 한다. 로마서 9-11장과 7:14-25에서 "그것은 칭찬할 만한 헌신의 경험이다. 이 헌신은 비극적인 결과로 이어졌다. 이 결과는 하나님의 자비로 유대인과 이방인에게, 부활하신 주님의 이름을 부르는 모든 사람에게 똑같이 해당되는 하나님의 구원의 도구가 되었다."[45]

3. 논의의 배경화(contextualizing) : 프랭크 틸만

1994년의 『바울과 율법: 배경적 접근』(*Paul and the Law: A Contextual Approach*)에서 틸만(Frank Thielman)은 유대교의 배경에서 바울의 율법 이해, 편지들의 상황, 각 편지의 언어와 논증을 자세하게 검토한다. 그는 바울의 율법 이해는 모세 율법은 하나님의 권위 있는 말씀이라는, 하지만 성령에 의해서 독특한 방식으로 해석돼 온 말씀이라는 그의 확신이 복잡하게 진화한 결과라는 결론을 내린다. 이 종말론적 성령의 변화시키는 이미지(transforming image)에 의해서 모세 율법은 복음에 동화되었다.[46]

이 책에서 제기된 틸만의 논제의 주요 내용은 그보다 한 해 전에 『바울과 바울서신 사전』(*Dictionary of Paul and His Letters*)에 실린

---

45) *Ibid.*, pp. 56-60. 인용은 60.
46) Frank Thielman, *Paul and the Law: A Contextual Approach* (Downers Grove, Ill.: InterVarsity, 1994).

그의 "Law"논문에서 선을 보였다.47) 틸만은 데살로니가전후서,48) 고린도전후서, 갈라디아서, 빌립보서, 로마서에서 유대교의 율법과 관련된 본문을 개관한다. 데이든(T. J. Deidun)을 좇아서49) 틸만은, 데살로니가전후서에는 nomos라는 단어가 나오지 않음에도 불구하고, "하나님 아버지와 주 예수 그리스도 안에 있는 데살로니가인들의 '교회'"(살전 1:1)라는 구절과 유대 그리스도인들을 "하나님의 교회들"(살후 2:14)로 부르는 표현은 율법을 받으려고 시내산에 모였던 "하나님의 교회"인 이스라엘의 지위(신 4:9-14; 9:10; 10:4; 18:16, 헬라어 ekklesia는 히브리어 qahal의 번역이다. 영어로는 "교회" 또는 "회중"으로 번역할 수 있다)와 관련돼 있다고 지적한다. 이와 비슷하게 바울이 그들에게 준 "특별한 명령"(살전 4:2)은 그들을 "하나님을 알지 못하는 이방인들"(살전 4:7-9)과 구별하고, 레위기와 예레미야의 성결 언어(holiness language)를 반영한다. "옛 언약과 새 언약 둘 다 행동의 차원에서 그리고 정체성을 규명하려는 이유에서 거룩을 강조한다. 하지만 새 언약은 옛 언약과는 달리 민족적으로 결정된 것이 아니다."50)

틸만에 의하면, 거룩과 도덕에 대한 고린도전서의 언급 중 많은 부분은, 데살로니가전후서에서와 마찬가지로, 율법 논쟁이 없는 상황에서 율법을 이해하고 있다. 고린도 교인들도 "예수 그리스도 안에서 구별된…하나님의 교회"(고전 1:2)이고, 성적 부도덕을 멀리함으로써(고전 5:1) 그리고 부도덕한 사람들에게서 떨어짐으로써(고전

---

47) Thielman, "Law," *DicPaul*, pp. 529-42, pp. 534-42.
48) 비록 데살로니가후서가 "논란이 되는 바울 서신들"에 속하더라도, 이것이 틸만의 제안의 가치를 많이 떨어뜨리지는 않는다. 왜냐하면 데살로니가후서에 해당되는 유일한 언급은 2:3, 7-8의 "불법의 사람"에 대한 것이기 때문이다.
49) T. J. Deidun, *New Covenant Morality in Paul*, AnBib 89 (Rome: Biblical Institute, 1981), pp. 10-12, 18-28.
50) Thielman, "Law," p. 535.

5:10-13) 이방인들로부터 구별되어야 하는 "하나님의 성전"(고전 3:17)이다. 고린도전서도 우상 숭배 거부에 대한 관심과 특히 10장에서는 이스라엘의 구원사에 대한 지각을 보여준다. 율법에 대한 긍정적인 태도는 고린도전서 7:19에 나타난다. 이 구절의 "하나님의 계명을 지킨다"는 표현은 바울 당시의 문학에서는 "유대교의 율법을 지킨다"는 말과 동등한 것이었다. 바울은 고린도전서 9:8-9과 14:21에서는 각각 주장을 뒷받침하고 논지를 증명하기 위해서 모세 율법에 호소하고, 고린도전서 9:19-23에서는 그는 "율법 밖에 있지 않고 그리스도의 율법 안에" 있다고 주장한다. 그러면서 바울은 어떻게 고린도전서 7장에서 율법의 가장 두드러지는 명령인 할례가 아무런 문제가 되지 않는다고 주장할 수 있는가? 여기에서 틸만은 바울은 유대민족적인 "정체성 표지"(identity markers)를 수반하는 율법의 부분을 거부하는 것으로 보인다는 던의 의견에 동의한다. 그럼에도 불구하고 이것이 최종적인 해결책은 될 수 없다. 왜냐하면 고린도전서 15:56에서 바울은 율법을 죄 및 죽음과 연관시킴으로써 율법의 긍정적인 측면의 싹을 잘라버리는 것 같기 때문이다. 어떻게 바울은 이런 상황에서 율법의 권위를 인정할 수 있는가?

이 딜레마를 풀기 위한 단서는 고린도후서에서 찾아야한다. 여기에서도 바울은 믿는 자의 일상 행동을 위한 권위와 지침인 율법에 호소한다. 하지만 고린도전서처럼 고린도후서 3:1-18도 말이 안 되는 대조를 보여준다. 여기에서 또 다시 율법은 죄, 죽음, 저주와 결합되어 있다. 틸만에 의하면, 서로 다른 상황을 취급하는 두 편지에 이렇게 유사한 대조가 등장하는 것 자체가 이 가정된 대조가 복잡하면서도 일관적인 율법 이해의 한 부분을 형성하고 있다는 첫 번째 암시이다. 두 번째 암시는 율법을 부정적으로 언급하는 바울의 진술들의 성격에 들어있다. 이 진술들은 율법은 그들의 죄 때문에 이스라엘을 정당하게 저주했다고 여기는 1세기 유대교의 확신에 비추어서 읽어야 한다. 바울은 모세 율법의 모든 측면이 폐지되었다고 주장하는 것이 아니라 단지 율법의 저주 선언이 폐지되었다고 주장하는 것 같다. "… 모세 율법은 하나님의 백성의 경계가 유대 백성의 경계와 실질적으로 동일했던 시대에 그리고 하나님의 백성이 정당하게 선언된 저주 선언 아래에서 고통 받던 시대에 도저히 풀 수 없도록 묶여있기 때문에, 그것은 하나님이 정하신 끝(end)에 도달하게 됐다(특히 고후 3:13을 보라)."[51]

틸만에 따르면, 갈라디아서에서 바울은 (아마도 팔레스틴 유대인들의 압력을 받은) 유대 그리스도인이 이방 그리스도인에게 할례, 유대교의 절기, 음식 규정 등의 요구를 부과하려고 시도하는 상황에 화를 내며 반응하고 있는 것이 분명하다. 압축되어 있어서 이해하기 쉽지 않은 바울의 대답은 새로운 시대가 시작되었고 하나님은 이 시대에 새로 구성된 백성과 새로운 언약을 맺으셨다는 그의 확신에서 나오는 것이 확실하다.

갈라디아서의 율법에 대한 바울의 논의는 두 방향으로 나아간다. 첫 번째이며 주도적인 방향은 민족적인 정체성 표지 또는 "율법 행위"는 사람을 하나님 앞에서 의롭게 만들 수 없다는 것이다. 왜냐하면 아무도 율법 전체를 지킬 수 없고 또 아브라함 언약과는 다르게 시내산 언약은 한시적인 방도였기 때문이다. 이 논증은 어떤 식으로든 노예의 개념과 연결된 많은 은유를 사용해서 전개되었다. 두 번째 방향은 율법에 대한 바울의 긍정적인 언급으로 구성된다(예를 들어 갈 5:24; 6:2). 이 두 번째 방향에 놀랄 필요는 없다. 왜냐하면 한편으로는 이미 고린도전후서를 검토하면서 모세 율법을 낡은 것으로 간주하는 동시에 긍정적으로 언급하는 이와 유사한 경향을 살

---

51) *Ibid.*, p. 538.

펴보았기 때문이고, 다른 한편으로는 어떤 경우에도 바울은 모세 율법의 어느 특정한 계명이 낡았다고 보지 않고 전체 규범(code)이 - 불순종에 대한 저주와 이방인들에 대한 장벽과 함께 - 낡았다고 보기 때문이다. 저주와 장벽의 한시적인 성격에 물들지 않은 모세 율법의 측면은 여전히 유효하고 성령 안에서 사는 믿는 자들에 의해서 성취된다(갈 5:22-23; 6:2).[52]

틸만에 의하면, 바울이 갈라디아 논쟁을 생생하게 기억할 때에 기록한 빌립보서에는 갈라디아서에서 묘사된 바로 그 유대 그리스도인에 대한 경고가 들어있다. 이 그룹은 당시에는 빌립보 교인에게 별다른 위협을 가하지 않았다. 빌립보서 3장에 나오는 이 그룹에 대한 바울의 짤막한 경고는 갈라디아서에 나오는 율법에 대한 강하고 간결한 표현과 로마서에 나오는 보다 더 조심스러운 언급을 이어줄 유용한 연결고리를 제공해준다. 갈라디아서와 마찬가지로 빌립보서에서도 바울은 모세 율법의 낡은 요구에 순종하라고 요구하는 것은 "육"에 즉 하나님의 뜻을 행하는 데에 부적절하고 타락한 인간의 능력에 신뢰를 두는 것이라고 주장한다(빌 3:3-4; cf. 갈 2:16). 갈라디아서의 주장을 넘어서서 바울은 할례와 같은 행위에 신뢰를 두는 것은 하나님으로부터 오는 의에 의지하기보다는 자신의 부적절한 의에 의지하는 것이라고 주장한다.

이 새로운 선회는 두 성서적인 이미지를 근거로 삼는다. 첫 번째는 광야 시대의 이스라엘의 부적절할 의의 이미지이다. 이 의에도 불구하고 하나님은 그들을 약속의 땅으로 인도하셨다(신 9:1-10:11). 이 깨어진 시내산 언약을 근거로 삼는 바울 "자신의" 의도 이와 마찬가지로 부적절하다. 두 번째는 이스라엘을 포로 생활로부터 구출하고 그들을 그들의 땅과 하나님과의 평화로운 관계로 회복시키는

---

52) *Ibid.*, pp. 538-39.

하나님의 강력하고 효과적인 행동의 이미지이다. 하나님은 이사야 46:13과 51:5-8에서 이것을 "내 의"라고 칭하신다. 바울은 하나님의 의가 종말에 드러날 것이라는 성서적인 기대가 예수 그리스도 안에서 최소한 성취되기 시작했다고 주장하기 위해서 빌립보서 3:9에서 이 개념을 사용한다. 이래서 깨어진 언약에 근거를 두는 부적절한 의에 집착하는 것은 그의 신뢰를 "거절"(빌 3:8)에 두는 것이다. 시내산 언약과 동일시되는 율법과 "하나님으로부터 온 의"의 관계는 로마서에서 주요 주제가 된다.[53]

틸만은 로마서를 쓰게 한 상황을 개괄하면서 로마서에 대한 논의를 시작한다. 바울은 지금 그의 이방 교회가 모은 구제금을 예루살렘의 유대 그리스도인에게 전달하려고 한다. 하지만 그가 많은 힘을 쏟아 부은 이 구제금이 환영받지 못할까 봐 걱정스러워한다. 로마교회는 예루살렘교회와 긴밀한 관계를 맺고 있었기 때문에 그리고 사도행전 21:20-21은 바울이 예루살렘의 유대 그리스도인이 그의 율법 이해에 대해서 어떤 말을 전해 들었을지 염려했다는 것을 보여주기 때문에, 그가 로마서를 쓴 이유 중 하나는 그의 율법 이해에 대한 오해를 바로 잡으려는 것이었던 것 같다.

또 다시 바울은 율법에 대해서 긍정적인 말과 부정적인 말을 한다. "율법 행위"는 의를 제공하지 못한다고 주장하면서 동시에 이제 시내산 언약과 무관한 율법은 그리스도인들에 의해서 성취되어야 한다고 주장한다. 하지만 그의 시내산 언약 비판은 약간 다른 관점에서 표현되는데, 이제는 유대 백성의 독특한 특권인 율법을 "자랑하는" 또는 "영광으로 여기는" 것에 대한 논박도 나온다. 그의 첫 번째 요점은 하나님의 뜻을 아는 것이 하나님 앞에 서는 것을 보증해 주지는 않는다는 것이다. 하나님의 뜻에 순종하는 것도 필요하다

---

53) *Ibid.*, pp. 539-40.

는 것이다. 많은 이방인들이 하나님의 능력(롬 1:20), 창조 행위(롬 1:25), 도덕적 기준(롬 1:32)에 대한 지각을 갖고 있다. 그럼에도 불구하고 그들은 하나님께 죄를 짓고(롬 1:21-31) 그에 대한 벌을 받는다(롬 1:24, 26, 28). 유대인들도 하나님의 비슷한 심판의 기준을 기대할 수 있다. 심지어는 영으로 율법을 지키는 무할례자 이방인이 율법의 소유를 자랑하지만 그것을 지키지는 않는 유대인을 심판할 수도 있다는 말까지 나온다. 복잡한 로마서 2:14-29 단락의 요점은 유대 그리스도인이 이방 그리스도인에게 역사적으로 유대인도 지키지 못한 기준을 부과하는 것은 소용없는 짓이라는 것이다. 로마서 3:9-20에서 바울은 더 나아가서 아무도, 유대인도 이방인도, 율법의 요구를 완전히 지킬 수 없다고 하면서 사람의 무능력을 지적한다. 오직 언약을 지키시는 하나님의 종말론적 도움만이 치료제를 제공해 줄 수 있는데, 하나님은 이 치료제를 예수 그리스도 안에서 제공해 주셨다.

틸만은 여기에서, 비록 "느슨한 실들"이 아직도 몇 개 더 남아있기는 하지만, 바울은 그의 주장을 거의 다 밝혔다고 생각한다. 먼저 그가 하나님의 말씀으로 믿고 있는 율법을(롬 3:31) 그가 무효화시켰다는 비난에 대해서, 바울은 모세 언약이 아니라 율법의 이야기 부분(narrative portion)에 특히 하나님과 아브라함의 언약에 호소함으로써 대답한다. 바울은 하나님은 아브라함을 할례 전에 의롭다고 인정해 주셨다고, 뒤따라오는 할례는 믿음에 근거해서 이미 맺어진 이 언약을 단지 인치는 역할을 할 뿐이라고 주장한다. 그래서 모세 율법의 "행위"가 아니라 믿음이 의를 가져오고, 아브라함은 믿는 이방인뿐만 아니라 믿는 유대인을 위한 본보기도 될 수 있다. 바울은 율법을 무효화하는 대신에, "하나님의 의"는 율법 자체에서 발견되는 믿음의 원칙과 일치한다는 것을 분명하게 밝힌다.[54]

---

54) *Ibid.*, pp. 540-41.

만약에 율법이 유대인에게 아무런 유익도 주지 않는다면, 하나님은 그것을 왜 주셨느냐는 질문에 두 번째 난제가 들어있다. 바울은 율법을 비판하면서도, 그것은 죄와 동일하지 않다고(롬 7:7), 그것은 오히려 거룩하고 선하고 영적이고 의롭다고(롬 7:12, 14) 한다. 율법이 죄와 그렇게 가깝게 관련돼 있는 것은, 율법이 죄를 구성하는 악한 범죄를 드러냄으로써 죄인을 저주하기 때문이다. 율법은 이것을 다음과 같은 세 가지 방식으로 한다. (1) 율법은 하나님의 뜻을 분명하게 하고 그럼으로써 죄에 대한 지식을 가져온다. 왜냐하면 사람은 하나님의 뜻을 알 수 있고 그것을 이루는데 실패했다는 것을 지각할 수 있기 때문이다(롬 3:20; 4:15; 5:13; 7:7, 21-23). (2) 율법은 타락한 인류에게 하나님께 대항할 방법을 제시함으로써 죄의 잠재성을 보여준다(롬 7:7-12; cf. 5:20). (3) 율법은 불순종하는 사람들을 기다리는 비참한 결과를 열거한다.

그의 다른 편지에서처럼, 바울은 이렇게 율법의 권위와 믿는 자 가운데서의 성취를 주장하면서도 동시에 모세 율법의 취소에 대해서도 분명하게 말할 수 있다. 하지만 로마서에서는 이 두 관점 사이에 더 날카로운 긴장이 있다. 이미 이전의 편지에서 분명하게 제시된 이 긴장의 해결책 - 옛 것과 새 것이라는 두 언약 또는 두 율법에 대한 바울의 신념 - 은 로마서 9:30-10:8에 나타난다. 여기에서 바울은 대부분의 이스라엘이 복음을 받아들이지 않은 이유는, 그들이 그리스도 안에서 일어난 하나님의 종말론적 개입에 의해서 대체된 언약에 계속 집착했기 때문이라고 분명하게 밝힌다. 이 집착은 왜 구원으로 인도하지 못하는지를 설명하기 위해서 바울은 레위기 18:5을 인용하면서, 모세 율법은 오직 그것에 순종하는 자들에게만 생명을 약속했는데(롬 10:5), 그것은 이스라엘도 다른 누구도 이룰 수 없는 것이었다고 상기시킨다. 또 그리스도를 믿는 믿음에 의한 의에 대해 말하기 위해서 바울은 원래는 모세 율법에 대한 순종을 가리켰던 신명기 9:4과 30:12의 어휘를 사용한다(롬 10:6-8). 그리스도 안에서 최종점(telos)에 도달한 율법은 새로운 언약의 형태로 다시 주조될 수 있다.

틸만은 만약에 그가 바울의 율법 이해에 대해서 그린 그림이 정확하다면, "그 중심에는 시내산에서 이스라엘과 맺은 옛 언약은 지나가고 예레미야와 에스겔이 예언한 새로운 언약이 왔다는 확신이 있었다"는 제안으로 결론을 맺는다.[55] 이 변화는 두 가지 이유에서 필요했다. (1) 어떤 개인도 옛 언약의 규정을 다 지킬 수 없었고, 이스라엘도 이것을 민족의 차원에서 보여주었다. (2) 일단 그 언약이 깨어지자, 이스라엘은 율법을 자신과 이방인들 사이에 장벽을 세우는 데에 이용했다. 그리고 이 장벽은 어느 정도는 자랑거리와 거짓 안전이 되었다. 새로운 언약은 안에 있는 사람들과 밖에 있는 사람들을 구분하는 개념을 포함하여 옛 언약의 형식적인 구조를 유지했다. 하지만 장벽은 더 이상 민족적인 것이 아니라 성령의 인도를 받는 것이었다. 마음에 기록된 새로운 언약은 성령의 인도를 받는 사람에 의해서 지켜질 수 있다.

이것은 바울의 율법 이해가 당대의 많은 유대인의 율법 이해와 적잖은 차이가 있다는 것을 의미하지만, 틸만은 그 차이를 지나치게 강조하면 안 된다고 경고한다. 바울은 당시의 유대교 내에서 정신이 상자도 아니었고, 레이제넨이 말하는 것처럼 뒤죽박죽이지도 않았다. 그의 확신은 첫 편지에서부터 마지막 편지에 이르기까지, 가장 평화로운 본문에서부터 가장 논쟁적인 본문에 이르기까지 일관성 있게 남아있다. 그의 율법 이해는 임시방편이 아니라 "복잡한, 주의 깊게 숙고한 입장이었다. 이 입장은 가장 힘든 연구와 가장 깊은 신

---

55) *Ibid.*, pp. 540-41. 인용은 541.

학적 고찰을 할 만한 가치가 있다."[56]

4. 바울의 율법과 예수 전승: 데이빗 웬햄

슬로안과 틸만에 의존하지 않고도, 웬햄(David Wenham)은 율법에 대한 바울의 가르침의 일관성 문제에 대해서 비슷한 결론에 도달했다. 『바울: 예수의 추종자인가, 기독교의 창시자인가?』(*Paul: Follower of Jesus or Founder of Christianity?*)에서 그의 일차적인 의도는 예수 전승과 바울 편지들 사이에 신학적인 연속성이 있다는 것을 보여주는 것이다. 점차로 드러나는 바울의 모습에는 그의 율법 이해가 일관적이라는 것도 포함되어 있다.

그리스도 안의 구원을 구약성서 약속의 성취라는 맥락에서 이해하는 종말론적 관점에서 웬햄은 바울의 "의"와 "화해" 용어를 예수님의 "하나님의 나라" 언어 사용과 관련시킨다. 그는 의를 바울 사상의 유일한 중심(unique center)으로는 보지 않지만 중요한 범주로는 본다. 웬햄에 의하면, 칭의/의 언어는 바울에게서 있어서 넓은 의미 영역을 갖는다. 하지만 기본적인 개념은 예수 그리스도를 통하여 역사와 인간의 삶 속으로 뚫고 들어오는 하나님의 종말론적 의라는 개념이다. 바울의 칭의를 하나님이 그리스도의 사역 때문에 개별적인 죄인을 용서하시는 것으로 보는 편협한 해석은 현대의 개인주의에 의해서 강화된 개인적인 죄의식에 대한 경험을 반영한다. 하지만 이 해석은 구약성서의 소망에 뿌리를 두고 있는 바울의 견해에도 예수님의 나라(kingdom)에 대한 교훈에도 적절하지 않다.[57]

---

56) *Ibid.*, pp. 541-42. 인용은 542.
57) *Paul*, pp. 54-59, 75-78.

웬햄은 예수님의 도덕적 목적은 창조의 완전으로 돌아가는 것이었다고 주장한다. 예수님은 그의 임무를 돌판에 기록된 율법이 마음에 기록된 율법으로 대체될 것이라고 말하는 렘31:31-34의 새로운 언약과 관련해서 해석하셨다고 볼 수 있는 증거가 좀 있다. 예수님이 제의적 율법을 자신의 희생적인 죽음을 통하여 오는 나라의 도래와 더불어 성취되는 것으로 따라서 더 이상 불필요하게 된 한시적인 것으로 보셨다는 것은, 비록 확실하게 증명하기는 어렵지만, 가능한 일이다. 복음서의 예수님 상(portraits)에 나타나는 도덕적 엄격, 죄인들에 대한 개방, 제의적 자유주의의 결합은 이런 맥락에서 일리가 있다. 마태복음 11:12-13/누가복음 16:16은 율법과 선지자는 세례 요한의 시대까지만 유효하다고 선언하며, 율법과 선지자의 시대는 나라의 시대에 자리를 내주고 있다는 암시를 준다.[58]

다시 바울에게 돌아가서 웬햄은 이방인에게 율법을 부과하는 문제에 대한 바울과 대적자의 논쟁은 원래는 제의적인 질문이었지만, 율법은 도덕적인 요구도 하기 때문에 그것에서 도덕적인 질문이 필연적으로 생겨났다고 지적한다. 바울은 그의 복음 이해는 도덕적인 행실을 무너뜨린다는 비난에 맞서 자신을 변호할 필요가 있었다. 율법에 대한 바울의 전반적인 일관성을 보여주면서 웬햄은 네 개의 요점을 제시한다.

(1) 바울은 그리스도인으로서도 하나님의 구원 계획을 구약성서

---

58) 이 논의는 단지 "까지"(until)로 번역되는 헬라어 단어의 사용에만 의존하는 것이 아니라(마태복음에서는 *heōs*, 누가복음에서는 *mechri*), 전체 문맥에도 의존한다. 마태복음 1:25(요셉은 마리아가 아들을 낳을 때까지[*heōs*] 그녀를 알지 못했다)의 문맥은 요셉이 나중에 마리아를 "알게 되는"(knowing) 것에 대해서 아무 말도 하지 않기 때문에, 이 의미가 단순히 "까지"라는 단어로부터 추론될 수는 없다.

의 틀 안에서 인식했고, 예수님도 이 배경(context) 안에서 이해했다. 그래서 그는 계속해서 모세 율법을 하나님이 주신 거룩하고 선한 것으로 인정했다.

(2) 바울은 메시아를 대적하는 자신을 발견함으로써 자신의 삶에서 율법의 "실패"를 경험했다. 그는 이런 실패를 이스라엘의 역사와 예수님을 그리스도로 믿지 않는 당시 유대인의 태도에서도 보았다. 이것은 율법의 잘못이 아니라 율법이 죄의 지배를 받게 된 결과이다. 그럼에도 하나님이 잘못 보셨을 리는 없기 때문에, 바울은 모세 율법은 결코 의와 생명을 주려고 한 것이 아니라 죄를 지적하고 죄인이 죄를 뉘우치게 하려는 것이었다고 결론을 내린다.

(3) 바울은 그리스도의 도래를 역사의 전환점으로 보았다. 즉 율법의 시대의 끝인 동시에 하나님의 자녀로 자유롭게 살 수 있는 가능성의 시작으로 보았다.

(4) 바울이 꿈꾸고 경험한 자유는 그리스도와의 관계 속으로 들어가는 자유였고, 그리스도와 성령 안에서 사는 새로운 삶을 향한 해방이었다. 그래서 이 자유의 결과는 도덕적 혼란이 아니라 삶의 새로움(newness of life)이다. 이것은 단지 가능성일 뿐이 아니라 그리스도 안에 있는 ·실제(indicative)에 근거를 둔 도덕적 명령(imperative)이기도 하다.

웬햄은 예수 전승의 율법 이해는 바울의 율법 이해보다 덜 복잡하고 덜 부정적이라는 것을 인정한다. 그럼에도 그는 다섯 개의 중복 영역을 지적한다.

(1) 예수님의 교훈은 율법을 죄의 동맹자로 기소하지는 않지만, 바리새인의 의에 대한 부정적인 평가를 담고 있다. 그런 의는 심각

하게 모자라는 것으로 드러나고, 예수님은 훨씬 더 높은 의를, 하나님의 나라에 더 적합한 의를 요구하신다.

(2) 예수님이 요구하신 더 높은 의는 율법을 더 잘 지킴으로써 얻을 수 있는 것으로 묘사되지 않는다. 오히려 인간적인 불가능으로 그리고 바리새인의 기준으로는 형편없는 실패자인 죄인과 영적으로 가난한 사람을 위한 선택으로 제시된다. 이 역설은 새로운 시대가 동트고 있다는 예수님의 확신과 관련하여 설명될 수 있다. 율법과 선지자의 시대는 하나님의 효과적이고 강력한 통치와 새로운 언약에 길을 열어준다는 것이다. 이것은 이전 시대가 의와 관련해서는 별로 성공적이지 않았다는 것을 암시한다.

(3) 모세의 허락과 상반되는 창조 원칙으로 되돌아가는 예수님의 이혼에 대한 언급은 율법과 새로운 창조에 대한 바울의 견해의 방향을 암시한다.

(4) 바울과 예수 전승 둘 다 율법을 예수님의 선교와 구원에서 "성취된" 것으로 언급한다.

(5) 제의적 율법에 대한 예수님의 자유주의와 새로운 영적 성전에 대한 그의 생각은 결국 바울이 취한 방향으로 기울어진다. 특히 물고기 입 속의 동전에 대한 마태이야기(마 17:24-27)는 우상 제물과 같은 이슈에 대한 바울의 입장과 아주 비슷하다(롬 14:13-23; 고전 8장).[59]

웬햄은 네 번째 항목을 다른 단락에서 더 상세하게 발전시킨다. 그는 로마서와 갈라디아서 둘 다에서 사랑하라는 바울의 권고는 "서로"(롬 13:8; 갈 5:13) 사랑하라는 말로 시작되는 것을 지적하고, 바울은 요한문서의 "새 계명" 배후에 있는 전승과 친숙했을 수도 있

---

59) *Ibid.*, pp. 219-30.

다고 제안한다. 갈라디아서 6:2에 나오는 "그리스도의 율법"의 의미에 대한 하나의 강력한 가능성은, 이것이 예수님의 교훈을 가리킨다고 보는 것이다. 바울과 요한 둘 다 "서로 사랑하라"는 예수님의 계명을 강조하는 동일한 전승을 알았던 것 같다. 공관복음서는 예수님이 편협하고 배타적인 사랑 이해에 도전하셨다고 기술하면서도, 또한 예수님은 제자들에게 서로 특별한 책임감을 가져야 한다고 말씀하셨다는 암시도 준다. 이것은 특히 마태복음 18장/마가복음 9:42-50/누가복음 17:1-4에서 분명하게 드러난다. 복음서 저자들은 이 자료들을 각기 다른 전승에서 얻은 것 같다.

또 웬햄은 데살로니가전서 4:9과 5:13에서 바울은 공동체 내의 사랑에 대한 예수님의 가르침에 친숙했다는 흔적을 찾는다. 공관복음서에 나오는 예수 전승과 같이, 바울도 데살로니가전서 3:12; 5:12; 갈라디아서 6:10; 로마서 12:18; 고린도전서 7:15에서 믿는 자에게 더 넓은 사랑을 권고한다. 약한 자의 돌봄과 겸손한 봉사에 대한 바울의 언급도 예수 전승과의 연결점을 보여준다. (1) 바울은 자기를 기쁘게 하는 사람들, 이기적인 욕망에서 행하는 사람들, 헛된 자랑을 하는 사람에 대해서 부정적으로 말한다(롬 15:1; 고전 10:24, 33; 빌 2:3-4, 21). 공관복음서에서 예수님은 가장 큰 사람이 되려는 제자들의 욕망에 세상의 지도력의 패턴에 대한 부정적인 평가로 대답하신다. (2) 두 전통 다에서 자기-자랑(self-glorification)은 겸손한 종의 태도와 대조된다(빌 2:7-9; 고전 9:19; 고후 11:7; 롬 15:8; 마 20:26-28; 막 10:43-45; 마 23:12). (3) 바울은 자신의 종의 사역과 그리스도인의 종의 사역을 보다 일반적인 의미에서 예수님의 종의 사역과 연관시킨다.[60]

---

60) *Ibid.*, pp. 255-71.

웬햄이 때로는 논란이 되는 바울 편지로 그의 주장을 뒷받침하기는 하지만, 이것이 그의 주장을 수용하지 못하게 하는 주요 장애물로 여겨져서는 안 된다. 왜냐하면 그의 주장은 어디에서도 이 편지들에 전적으로 또는 핵심적으로 의존하지는 않기 때문이다. 예수 전승에 대한 그의 암시는 예수님 자신의 견해라기보다는 복음서 저자의 견해를 반영한다고 반박하는 사람들도 있을 것이다. 하지만 어떤 주장이 어느 정도 설득력이 있는지를 결정하기 위해서는 그 책 전체를 읽어야만 한다.

5. 재진술과 종합: 제임스 던

던(J. D. G. Dunn)은 1992년과 1997년의 이신칭의에 대한 논문[61]과 1993년의 갈라디아서에 나타나는 율법에 대한 논문[62]에서 바울의 편지들에 나오는 율법이라는 주제로 돌아온다. 1995년에 그는 "바울은 율법에 반대했는가?"라는 질문에 본문의 문맥과 상황적인 배경에서 대답하려고 시도하면서 갈라디아서와 로마서를 시금석으로 삼았다.[63] 1994년 9월에 그는 더햄(Durham)에서 "바울과 모세 율법"이라

---

61) J. D. G. Dunn, "The Justice of God: A Renewed Perspective of Justification by Faith," *JTS* 43 (1992): 1-22; idem, "Paul and Justification by Faith," in R. N. Longenecker, ed., *The Road from Damascus: The Impact of Paul's Conversion on His Life, Thought and Ministry* (Grand Rapids, Mich.: Eerdmans, 1997), pp. 85-101.
62) J. D. G. Dunn, "Echoes of Intra-Jewish Polemic in Paul's Letter to the Galatians," *JBL* 112 (1993): 459-77.
63) J. D. G. Dunn, "Was Paul against the Law? The Law in Galatians and Romans: A Test-Case of Text in Context," in T. Fornberg and D. Hellholm, eds., *Texts and Contexts: Biblical Texts in Their Textual and Situational Contexts, L. Hartmann Festschrift* (Oslo: Scandinavian University, 1995), pp. 455-75.

는 주제를 논의했던 초기 기독교와 유대교에 관한 제3차 더햄-튀빙엔 연구 심포지엄(the Third Durham-Tubingen Research Symposium)을 주재하고,[64] 마무리 연설에서 그 논의의 공통 기반의 가능성을 확인하려는 시도를 했다.

던은 근래의 방대한 저작 『사도 바울의 신학』(The Theology of Paul the Apostle, 1998)의 율법[65]과 이신칭의[66]라는 두 장에서 이 주제는 가장 광범위하게 다룬다. 그는 바흐만(M. Bachmann)[67]과 슈툴마허(P. Stuhlmacher)[68] 같은 학자들이 "율법 행위"를 다룬 그의 처음 글을 오해했다고 주장하면서 그들과 논쟁한다. 던은 "자기는 결코 '율법 행위'가 단지 할례, 음식 규정, 안식일만을 가리킨다고 주장하지 않았다"고 그리고 지금도 그렇게 주장하지 않는다고 강조한다.[69] 율법 행위는 율법이 요구하는 모든 것을 가리키지만, 이스라엘과 다른 민족들의 관계가 이슈가 되는 상황에서는 자연스럽게 할례 같은 특수 측면이 다른 측면보다 더 강조되었다는 것이다. 마치 유대교 내부에서도 쿰란종파가 정결과 희생 같은 이슈들을 강조했던 것처럼 말이다.[70]

바울이 인간의 약함과 범죄를 고발하는 범위 안에서 율법의 역할을 고찰하는 던의 주장은 여섯 개의 주요 주제로 요약된다.

---

64) J. D. G. Dunn, ed., *Paul and the Mosaic Law*, WUNT 89 (Tübingen: Mohr, 1996).
65) Dunn, *Theology*, pp. 128-61.
66) *Ibid.*, pp. 334-89.
67) M. Bachmann, *Sünder oder Übertreter: Studien zur Argumentation in Gal. 2.15ff.*, WUNT 59 (Tubingen: Mohr, 1992), p. 92.
68) Peter Stuhlmacher, *Biblische Theologie des Neuen Testaments 1: Grundlegung von Jesus zu Paulus* (Göttingen: Vandenhoeck & Ruprecht, 1992), p. 264.
69) *Theology*, p. 358, n. 97.
70) *Ibid.*, p. 358.

(1) 율법의 역할은 무엇이 죄인지를 규정하고, 그것을 범죄로 지각하게 하고, 그 범죄를 저주하는 것이다. 좀 더 암묵적인 방법으로 그것은 이방인에게 특히 양심을 통해서 같은 기능을 발휘한다. 이 역할은 율법의 다른 기능들에 대한 논의에 의해서 영향 받지 않는다.

(2) 율법은 이스라엘과 독특한(unique) 관계를 갖고 있었다. 그것은 모세에서부터 그리스도에게 이르기까지 보호자와 훈련관의 기능을 감당했다. 이 율법 기능은 한시적이었다. 그러나 율법의 유일한(only) 기능은 아니었다. 그래서 그리스도의 도래가 전체(in toto) 율법의 폐지를 의미하지는 않는 것이다.

(3) 하나님의 율법을 받은 것에 근거해서 그들은 하나님과 특별한 관계를 맺고 있다고 생각하는 데에 드러나는 것처럼, 이스라엘은 이 율법 기능의 한시적인 성격을 인식할 수 없었다.

(4) 율법의 주요 기능은 이스라엘의 삶에 방향을 제시해 주고 그들의 언약 지위와 삶이 유지되는 조건들을 분명하게 알려주는 것이었다.

(5) 율법은 육체의 약함을 그물로 사로잡으려는 죄의 세력에게 이용당한다.

(6) 율법은 죄와 죽음의 세력의 동맹자이다. 하지만 그 자체로서 우주적인 세력으로 이해되어서는 안 된다. 죄와 죽음의 세력에 굴복하는 것은 한시적이다. 하나님의 목적은 죽음 안에 있는 죄의 세력을 완전히 제거하는 것이었다. 율법의 승리는 율법이 죽음을 죄인에 대한 최후의 심판에서 죄 자체에 대한 최후의 파멸로 전환하는 것일 것이다.[71]

---

71) *Ibid.*, pp. 159-61.

6. 요약

이 장에 나오는 학자는 좀 더 상세하게 다루었다. 왜냐하면 그들은 일반적으로 바울과 율법이라는 주제에 훨씬 더 광범위하게 접근하고 또 지금까지 거의 또는 전혀 관심을 받지 못한 측면에 관심을 기울이기 때문이다. 그들이 다른 학자를 얼마나 잘 설득할 수 있을지는 두고 볼 일이다.

제 6 장
새로운 중심?(The New Center?)

바울의 이해는 본질적으로 일관적이라는 것을 보여주려는 시도가 많아지는 것과 나란히, 더 이상 이신칭의(justification by faith)만이 바울 신학의 중심(center)으로 간주될 수는 없다는 공감대가 점증하고 있다. 1990년의 『바울과 유대교 율법』(Paul and the Jewish Law)에서 톰슨(Peter J. Tomson)은 율법 논쟁을 바울의 핵심으로 여기는 견해에 도전한 브레데(W. Wrede)와 바우르(F. C. Baur) 같은 학자의 입장을 따른다. 바울 편지에 나오는 율법과 관련된 구절에 대한 톰슨의 광범위하고도 상세한 연구 즉 바울의 편지에 나타나는 halakha에 대한 역사적인 검토인 이 연구는 세 가지 가정에 기초를 둔다. (1) 바울의 역사적인 배경은 고대 유대교 자료에서 드러나는 유대교 안이었다. (2) 바울에게 있어서 율법은 여전히 실제적인 기능을 갖고 있었다. (3) 바울의 주된 관심은 율법 논쟁이 아니었다.[1]

비록 이신칭의가 더 이상 바울 신학의 핵심(core)으로 일반적인

---

1) Peter J. Tomson, *Paul and the Jewish Law: Halakha in the Letters of the Apostle to the Gentiles*, CRINT 3/1 (Minneapolis, Minn.: Fortress, 1990).

인정을 받지 못함에도 불구하고, 정확하게 무엇이 바울 사상의 "새로운 중심"(new center)을 이루느냐는 여전히 논란이 되고 있다. 던은(J. D. G. Dunn) 심지어 "중심"이 가장 적절한 용어인지를 질문하며, "지렛대"(fulcrum) 또는 "추축점"(pivot point)을 선호한다.[2] 샌더스(E. P. Sanders)는 『바울과 팔레스타인 유대교』(*Paul and Palestinian Judaism*, 1977)에서 바울의 삶을 지배한 두 가지 주요 확신을 밝힌다. (1) 예수 그리스도가 주이시다. 그 안에서 하나님은 믿는 모든 사람의 구원을 준비하셨다. (2) 바울은 이방인의 사도로 부름을 받았다.[3] 히클링(C. J. A. Hickling 1978)은 기본적으로 샌더스에게 동의하면서 한 가지를 더 추가해야 한다고 믿는다. 하나님은 그리스도 안에서 결정적이고 최종적인 시대의 전환을 이루셨다는 것이다.[4]

1. 기독론적 핵심(A Christological Core)

샌더스 전과 후의 많은 학자가 바울 신학의 핵심은 그리스도라는 견해를 가졌었고 지금도 가지고 있다. 바울에 대한 근래의 논의의 많은 부분을 예기했던 세르포(Lucien Cerfaux 1951)에게는 하나님의 아들인 그리스도가 바울의 종교적 사상의 핵심이다. 그래서 그리스도의 신성 및 그의 하나님과의 일치(union)이 강조되고, 그리스도와 하나님은 하나의 행동 원칙을 이루게 된다.[5] 하지만 플레브닉

---

2) *Theology*, pp. 722-23.
3) pp. 441-42.
4) C. J. A. Hickling, "Center and Periphery in Paul's Thought," *Studia Biblica III: Papers on Paul and Other NT Authors*, E. A. Livingstone, ed. (Sheffield: Sheffield Academic Press, 1978), pp. 199-214.
5) *Christ in the Theology of St. Paul*, pp. 4, 509-20, 528-34.

(Joseph Plevnik)은 세르포가 논란이 되는 바울 편지들에 속하는 에베소서와 골로새서에 많이 의존하는 것이 그의 주장의 약점이라고 주장한다.[6] 그럼에도 불구하고 나는 논란이 되지 않는 바울 편지들에 근거를 두는 세르포의 제안은 옹호할 수 있다고 본다. 예수회 학자이며 중요한 가톨릭 신약학자 중의 하나인 피츠마이어(Joseph A. Fitzmyer)는 바울 신학의 핵심 개념은 "기독론 중심적 구원론"(christocentric soteriology)라고 일관성 있게 주장해 왔다.[7]

2. 화해, 죽음, 부활

마틴(Ralph P. Martin)은 세르포와 피츠마이어의 제안을 너무 편협하거나 너무 애매하다고 비판한다. 아마도 화해 용어가 바울에게 자주 등장하지 않기 때문에 많은 학자에게 지지를 받지는 못하더라도, 마틴은 화해의 주제를 핵심적인 범주로 내세우곤 했다.[8] 마틴의 일부 주장이 논란이 되는 바울 편지에 근거를 두고 있다는 것도 또 하나의 어려움이다.

이미 1970년에 슈나켄부르크(Rudolf Schnackenburg)은 예수님의 죽음과 부활이라는 이중 사건이 바울의 기독론의 근거라고 주장했다.[9]

---

6) Jeseph Plevnik, "The Center of Pauline Theology," *CBQ* 51 (1989): 461-78, p. 463.

7) Joseph A. Fitzmyer, *Pauline Theology; A Brief Sketch* (Englewood Cliffs, N. J.: Prentice-Hall, 1967), p. 16. 보다 근래에 *NJBC*에 실린 논문 "Paulind Theology"에도 동일한 입장이 개진되었다.

8) Ralph P. Martin, *Reconciliation: A Study of Paul's Theology* (Atlanta: John Knox, 1981); "Center of Paul's Theology," in *DicPaul*, pp. 92-95, p. 94.

9) Rudolf Schnackenburg, "Christologie des Neuen Testaments," *Mysterium Salutis: Grundriss heilsgeschichtlicher Dogmatik 3/1*, J. Feiner and M. Löher, eds. (Einsiedeln/Zürich/Cologne: Benziger, 1970), pp. 227-338, 특히 pp. 323-30.

플레브닉은 그리스도의 죽음과 부활은, 그것이 갖고 있는 구원의 의의의 관점에서 보면, 믿음에 의한 칭의 또는 그리스도에의 참여에 관한 한 으뜸가는 개념일 뿐만 아니라 바울의 각 편지에 등장하는 변치 않는 주제라고 말한다. 하지만 플레브닉은 이것을 그리스도 사건의 한 중요한 부분으로 볼 뿐이지 그리스도 사건의 중심이라고 말하지는 않는다.[10] 가핀(Richard B. Gaffin, Jr., 1978)은 부활의 주제가 바울 신학 전체를 좌우한다고 주장하는가 하면,[11] 맥그래스 (Alister E. McGrath, 1993)는 바울의 복음 선포의 중심은 십자가라고 주장한다.[12] 케제만(E. Käsemann)은 십자가가 "기독교 신학의 중심적이고 어떤 면에서는 유일한 주제이다… 기독론의 근거이고 시금석이다"고 주장한다.[13] 던은 십자가를 "지렛대, 중심적인 구원론적 요소"로 명명한다.[14] 그러나 곧 "만약에 예수님의 십자가가 바울 신학의 중심에 서 있다면, 예수님의 부활도 그렇다"라는 말을 덧붙인다.[15] 던은 하나님의 행위로서 예수님의 부활은 바울에게 중심적인 위치를 차지하고 있다고 강조한다.[16] 그러나 그는 바울의 회심을 모든 바울 신학이 그 주위를 도는 지렛대 또는 돌쩌귀로 언급하기도 하고, 부활한 그리스도와의 만남을 그 지렛대/돌쩌귀를 형성한 것으로 언급하기도 한다.[17]

---

10) Plevnik, "Center," p. 476.
11) Richard B. Gaffin, Jr., *The Centrality of the Resurrection: A Study in Paul's Soteriology* (Grand Rapids, Mich.: Baker, 1978).
12) Alister E. McGrath, "Cross, Theology of the," *DicPaul*, pp. 192-97, p. 192.
13) Ernst Käsemann, "The Saving Significance of the Death of Jesus in Paul," *Perspectives on Paul* (London/Philadelphia: SCM/Fortress, 1971), pp. 48, 54.
14) *Theology*, p. 233.
15) *Ibid.*, p. 235.
16) *Ibid.*, p. 237.
17) *Ibid.*, p. 179.

3. 종말론/묵시론

바울 사상에는 어떤 분명한 중심이 있다고 믿는 편이었음에도 불구하고, 실바(M. Silva, 1996)는 그런 중심을 밝혀내는 것은 어려운 일이라고 인정한다. 그럼에도 불구하고 그는 바울은 논리적이고 일관적인 사상가라고 주장한다.[18] 실바는 의에 대한 바울의 교훈은 그의 많은 교훈을 이해하게 해 주는 "개념적인 접착제"로 기능한다고 믿으면서도, 종말론의 주제를 근본적인 것으로 보는 쪽으로 더 기울어지는 것처럼 보인다. 그는 바울의 사고를 "매우 교리적이고 종합적"으로 묘사한 보스(Geerhardus Vos)[19]와 비슷한 견해를 갖고 있는 슈바이처(Albert Schweitzer)[20] 같은 이전의 학자는 바울의 종말론에 몰두했었다고 언급한다.

보다 근래에 리더보스(Herman N. Ridderbos, 1975)[21]와 베커(J. Christiaan Beker, 1980)[22]는 바울의 사상을 단지 율법이라는 주제와 관련해서만이 아니라 전체적으로 이해할 것을 주장했다. 그들 사이에 차이점도 있지만, 둘 다 종말론을 중심적인 구성 원칙으로 사용한다. 리더보스는 "바울 사상 전체에 다가갈 적절한 접근의 출발점을 바울의 선포의 구원사적, 종말론적 성격에서" 찾으면서, "종말론과 종말론들"에 대한 리고(Beda Rigaux)의 언급을 인용하면서 이

---

18) Silva, *Explorations*, p. 146.
19) Richard B. Gaffin, Jr., *The Centrality of the Resurrection*, pp. 19, 21에서 인용.
20) Albert Schweitzer, *The Mysticism of Paul the Apostle* (New York: Seabury, 1968 [1931판의 재인쇄]) and *Paul and His Interpreters: A Critical History* (New York: Macmillan, 1912).
21) Herman N. Ridderbos, *Paul: An Outline of His Theology* (Grand Rapids, Mich.: Eerdmans, 1975).
22) *Paul the Apostle*.

"종말론적 성격"에 대한 다양한 견해를 인정한다.[23]

베커는 바울 신학의 "핵심"(core)보다는 바울 신학의 "응집력 있는 중심"(coherent center)를 선호한다. 베커는 종말론(eschatology)보다는 묵시론(apocalyptic)이라는 용어를 주로 사용한다. 어떤 학자는 이 용어들을 실제로 동의어로 사용하지만, 다른 학자는 종말론은 종말시대와 관련된 모든 것을 가리키는 것으로 보다 넓은 의미에서, 묵시론은 - 마지막 나팔 같은 흔한 주제들과 이미지들을 사용하는 고대 유대 문학의 특수한 문학 장르와도 관련되어 있기 때문에 - 보다 좁은 의미에서 사용하면서 이 둘을 구분하려고 한다(바울이 이 문학의 요소들을 드물게 사용하는 것에 대해서는 살전 4:16-17; 고전 15:51-52을 보라). 묵시론적 관점은 세상을 본질적으로 타락한 것으로 본다. 이 상황을 변화시키기 위해서 사람이 할 수 있는 일은 아무것도 없다. 믿는 사람이 할 일은 견고하게 서서 하나님의 행동을 기다리는 것이다. 실현된 종말론(realized eschatology)라는 용어는 하나님의 통치의 최후 승리가 그리스도의 도래와 더불어 이미 시작되었다는 것을 - 비록 완전히 실현되는 것이 아직 남아있더라도 - 보여주기 위해서 종종 사용된다(요한복음은 공관복음서보다 더 강한 실현된 종말론을 보여준다고 한다). 하지만 실현된 묵시론(realized apocalyptic)이라는 용어는 거의 또는 전혀 마주치지 않는다. 던은 "이 용어(apocalyptic)의 의미와 적절한 사용은 여전히 불분명하다"고 비판한다.[24] 이것을 정의해 보려는 시도가 스툼(R. E. Sturm)[25]과

---

23) Ridderbos, *Paul*, p. 39; Beda Rigaux, *Littérature et Théologie Pauliniennes*, RB 5 (Bruges: Desclée Brouwer, 1960).

24) *Theology*, p. 297.

25) R. E. Sturm, "Defining the Word 'Apocalyptic': A Problem in Biblical Criticism," in J. Marcus and Marion L. Soards, eds., *Apocalyptic and the New Testament*, J. L. Martyn *Festschrift*, JSNTSup 24 (Sheffield: Sheffield Academic Press, 1989).

매틀록(R. B. Matlock)²⁶⁾에 의해서 이루어졌다.

『사도 바울』(*Paul the Apostle*, 1984)의 머리말에서 베커는 묵시론을 역사적 이원론, 우주적 범위, 임박한 세상 종말에 대한 기대라는 세 가지 동기로 축소시키는 그의 작업을 정당화하며, 그는 종말론적(eschatological)보다 묵시론적(apocalyptic)을 선호한다고 설명한다. 베커는 묵시론적 중심이라는 그의 견해가 위험하다는 것을 감지한다. 갈라디아서에는 그리스도의 부활에 대한 언급이 실제로는 전혀 나오지 않는 것을 보면서, 그는 갈라디아서가 그가 바울 사상의 응집력 있는 중심으로 삼은 것을 무너뜨리려고 한다는 우려를 표시한다. "… 하나님의 임박한 승리에 초점을 맞추는, 그리스도 사건의 묵시론적 좌표이다… 갈라디아서의 기독론 중심적인 초점이 바울의 하나님 중심적이고 묵시론적인 주제를 옆으로 밀어내기 때문에, 갈라디아서는 바울 편지와 신학 전체를 파악하는 데에 중심적이고 규범적인 안내자로 기능할 수 없다."²⁷⁾

갈라디아서에서 철저하게 종말론적인 관점을 읽어내는 실바는 이 점에서 베커에게 이의를 제기한다. 실바에 의하면, 갈라디아서는 하나님의 의의 미래적 승리를 주의 깊게 전개된 실현된 종말론의 관점에 근거를 두기 때문에, 이 편지는 바울의 묵시론적 윤곽을 파악하는 데에 중심적인 안내서를 제공한다.²⁸⁾

플레브닉은 베커의 견해는 묵시론적 틀에 의해서 매개되지 않는, 바울의 그리스도 이해의 주요 요소들을 빠뜨린다고 주장한다. 그의

---

26) R. B. Matlock, *Unveiling the Apocalyptic Paul: Paul's Interpreters and the Rhetoric of Criticism*, JSNTSup 127 (Sheffield: Sheffield Academic Press, 1996).

27) J. Christiaan Beker, *Paul the Apostle: The Triumph of God in Life and Thought*, (Philadelphia: Fortress, 1984), pp. xiii-xxi. 58도 보라.

28) 그럼에도 불구하고 실바(*Explorations*, p. 185)는 베커(*Paul the Apostle*, p. 356)의 주요 관심사 중의 하나는 미래적 종말론의 묵시론적 측면을 보존하는 것임을 인식한다.

주장에는 다음의 내용들이 들어있다. (1) 창조와 구원의 선재하는 매개자로서의 그의 역할과 "하나님의 형상"(빌 2:6)인 그의 존재를 고려해야 하는, 하나님과 그리스도의 부자의 관계(filial relationship), (2) 그의 죽음과 부활의 보편적인 의의와 관련에서 입증되는 그리스도의 포괄적이고 대표적인 역할, (3) 그리스도의 재림과 관련해서 확언되는 믿는 자들의 그리스도에의 융화, (4) 믿는 자의 그리스도에의 현재적인 참여.[29]

4. 기준의 필요성

실바는 종말론을 바울 신학의 중심으로 간주할 수 있다고 주장하면서도, 많은 교리들 중의 어느 것이라도 중심으로 설득력 있게 내세우는 것도 충분히 가능하다고 말한다.[30] 마틴(Ralph Martin)[31]은 플레브닉도 『바울신학의 중심』(The Center of Paul's Theology, 1989)에서 비슷한 결론에 도달하는 것으로 이해한다. 플레브닉은 연구의 끝 부근에서 이렇게 말한다.

> 바울 신학의 어떤 중심(center)이라도 다음과 같은 사도의 복음의 모든 요소들을 포함하여야 한다. 그리스도와 하나님에 대한 이해, 그리스도를 통한 하나님의 구원의 행위에 대한 이해, 부활절 사건과 그 사건의 암시들, 현재적인 주권, 그리스도의 재림, 구원의 전유(appropriation). 따라서 중심은 그리스도의 또는 그리스도를 통

---

29) Plevnik, "Center," pp. 473-74.
30) Silva, *Explorations*, p. 149.
31) Martin, "Center," pp. 92-93.

한 하나님의 행위의 어느 한 측면이 아니고, 그리스도의 전체적이고 나뉘지 않은 부요와 신비이며 아들을 통하여 구원하는 아버지의 목적이다.[32]

류만(John Reumann)은 전(1982)에는 의가 바울과 신약성서 둘 다에서 중심을 차지한다는 전통적인 루터적인 견해를 주장했지만,[33] 보다 근래(1991)에는 다양한 학자가 제안한 최소한 열여섯 가지 주제를 언급한다. 그는 어떤 것들은 사실상 상호교환적이라고 지적하면서 어느 하나를 옹호하려고 하지 않는다. 그는 그것들은 서로 관련되어 있기 때문에 바울 메시지의 통일성(unity)은 전체적인 복합물에서 발견될 수 있다고 제안한다.[34] 이와 비슷하게 데이비스(C. A. Davis, 1995)도 바울 신학의 일관성 있는 중심(coherent heart)은 그리스도의 죽음과 종말론적 생명으로의 부활 및 그리스도인들의 죽음과 종말론적 생명으로의 부활의 주위를 맴도는 열네 가지의 주요 확신으로 구성되어 있다고 주장한다.[35]

마틴(Ralph Martin, 1993)은 플레브닉과 류만의 견해와 같은 "너무 좁은" 접근과 해결책에 만족하지 않는다. 마틴에 따르면, 이것들은 그물을 너무 넓게 펴서 바울의 교훈의 거의 모두가 동등한 의의를 갖게 하는 위험이 있다. 그래서 마틴은 어느 후보 개념이 "바울 신학의 중심"이라는 표현에 적절한지를 결정하기 위해서 다음과 같은 기준을 제안한다. (1) 그의 주요 메시지를 구체적으로 드러내는 중

---

32) Plevnik, "Center," pp. 477-78.
33) *"Righteousness" in the New Testament*, pp. 105-23, 185.
34) John Reumann, *Variety and Unity in New Testament Thought*, Oxford Bible Series (Oxford: University Press, 1991), p. 77.
35) C. A. Davis, *The Structure of Paul's Theology: "The Truth Which Is the Gospel"* (Lewiston, N. Y./Queenston, Ont./Lampeter, U. K.: Mellen Biblical Press, 1995).

심적인 확언 또는 확언들의 "다발"에 대한 바울의 표출된 자각, (2) 바울의 편집도 포함되는 전승의 역할, (3) 바울 편지의 범위 (일반적으로 진정성을 인정받는 일곱 편지로 한정하는지 아니면 논란이 되는 편지도 포함하는지), (4) 무엇이 바울에게 독특한(unique) 것인지 살펴보는 시도.36) 그래서 플레브닉이 전에 말했던 것처럼, "다른 어떤 것에서 유래한 것은 어떤 것이라도 중심이 될 수 없다."37)

마틴은 그가 기술하는 것을 바울의 신학적인 교훈의 다섯 가지 "패턴"으로 제안한다. 하나님의 은혜, 우주, 십자가, 도덕적 명령, 바울의 선교 명령.38) 그는 이것들을 바울의 "일반적으로 논란이 되지 않는 편지"에서 추출했다고 주장하지만, 그는 그 진정성이 다수의 학자에 의해서 논란이 되는 에베소서, 골로새서, 데살로니가후서도 사용한다. 그런 후에 그는 그가 선택한 화해가 이 모든 기준들을 충족시키고 그가 발견한 이 모든 패턴을 통합한다고 주장한다. 그때 그는 이 범주를 다음과 같이 요약한 렘시오(E. E. Lemcio)를 인용한다. "하나님이 예수님을 보내셨다 또는 일으키셨다. 하나님에 대한 반응은 유익을 가져온다."39) 던은 화해가 바울이 그리스도의 죽음의 의의를 묘사하기 위해서 사용하는 많은 은유들 중의 하나라는 것을 근거로 그리고 마틴은 이 은유를 다른 모든 은유를 위한 규범으로 만듦으로써 이 은유를 지나치게 문자적으로 이해하는 위험을 자초한다는 것을 근거로 마틴의 제안을 비판했다.40)

---

36) Martin, "Center," pp. 92-93.
37) Plevnik, "Center," p. 466.
38) Martin, "Center," pp. 93-94.
39) E. E. Lemcio, "The Unifying Kerygma of the New Testament," JSNT 36 (1988): 3-17. 38 (1990): 3-11. Martin, "Center," p. 94에서 인용.
40) Theology, p. 231.

5. 기독론 중심적 구원론

근래에 나는 바울 신학의 일관적인 핵심을 찾으려면, 빌립보서 3:8의 "그리스도 예수 내 주"(Christ Jesus my Lord)에서 찾는 것이 결코 잘못하는 것이 아닐 것이라고 제안했다.[41] 나는 이것은 피츠마이어가 30여 년 전에 제안하고 지금도 일관되게 옹호하는 기독론 중심적 구원론(christocentric soteriology)와 별로 다르지 않다고 믿는다. 이 표현은 둘 다 헹엘(M. Hengel)과 슈베머(A. M. Schwemer)가 또 다른 방식으로 표현한 서로 떨어질 수 없는 두 개념을 참고한다. "즉시로 그리고 직접적으로 중심에 있는 것은 율법의 문제가 - 심지어는 '율법에서 자유로운' 선포의 환영(phantom)도 - 아니라 지금까지 내려오는 기독교 신앙의 기본적인 질문이다. 그리스도는 누구인가? 그는 우리를 위해서 무엇을 했는가?… 맨 처음에는 십자가에서 죽었다가 높여진 그리스도에게 압도당한 인격적인 만남이 있다."[42]

샌더스, 마틴, 플레브닉의 제안을 주의 깊게 살펴보면, 이 두 요소 - 그리스도는 누구인가와 그는 우리를 위해서 무엇을 했는가 - 가 두드러지는 것을 알 수 있다. 샌더스가 밝힌 바울의 첫 번째 근본 확신 - 예수 그리스도가 주이다와 그 안에서 하나님은 믿는 모든 사람의 구원을 준비하셨다 - 은 사실상 동등한 것이다. 두 번째 근본 확신 - 바울은 이방인들의 사도로 부름을 받았다 - 은 첫 번째에서 추출될 수 있고, 모든 바울 사상을 설명할 수 있을 정도로 충분히 근본적이지 않다(예를 들어 고전 9:20).[43] 종말론의 주제도 마찬가지

---

41) Koperski, *The Knowledge of Christ Jesus My Lord*, p. 321.
42) *Paul Between Damascus and Antioch*, p. 98.
43) *Paul and Palestinian Judaism*, pp. 441-42.

로 이차적이다. 만약에 우리를 구원하기 위해서 온 그리스도가 없다면, 바울은 이방인들에게 종말론의 주제에 대해서 아무것도 써 보내지 않았을 것이다. 종말론적 측면은 하나님이 그리스도 안에서 행동하신다는 사실에 의존한다.

이와 비슷하게 마틴의 화해 주제는, 그가 스스로도 비판하는 것처럼, 너무 일반적이라는 약점을 갖고 있다. 중심적인 것은 화해 자체가 아니라 화해의 도구인 그리스도이다. 화해는 그리스도가 우리를 위해서 무엇을 하는지를 묘사하는 방식이다. 그것은 기본적으로 구원론적 범주이다. 게다가 마틴이 본질적으로 화해의 우산 밑에 두기를 원하는 주제들의 요약도 ("하나님이 예수님을 보내셨다 또는 일으키셨다. 하나님에 대한 반응은 유익을 가져온다")[44] 이 두 질문에 대답한다. 그리스도는 누구인가? 하나님에 의해서 보내지고 하나님에 의해서 일으켜진 존재이다. 그는 우리를 위해서 무엇을 하는가? 그는 반응하는 사람에게 하나님의 유익을 가져다준다.

"맨 처음에는 십자가에서 죽었다가 높여진 그리스도에게 압도당한 인격적인 만남이 있다"라는 헹엘과 슈베머의 해석은[45] 던에 의해서[46] 효과적으로 반복된다. 던은 만약에 "중심"의 이미지가 신학과 같은 주제에 여전히 적절성을 가지려면, 그리스도는 바울 신학의 중심으로 간주되어야 한다고 또는, 베커의 용어를 사용하자면, 그리스도는 바울의 신학적인, 선교적인, 목회적인 활동에 응집력을 부여하는 존재로 간주되어야 한다고 주장한다.[47]

---

44) Martin, "Center," p. 94.
45) *Paul Between Damascus and Antioch*, p. 98.
46) *Theology*, p. 179.
47) *Ibid.*, pp. 729-30.

하나님은 어떤 존재인지를 보여주고, 하나님의 영을 정의하고, 민족을 위한 이스라엘의 복의 통로이고, 토라에 순종하는 것이 무엇을 의미하는지를 보여주고, 이스라엘의 성경을 밝혀주는 빛이고, 창조와 완성의 패러다임을 구체화하고, 모든 성례적인 의의의 초점이고, 그리스도인의 개인적이고 공동체적인 정체성을 결정하고, 구원 과정이 일치되어 가는 이미지인 그리스도의 중심성(centrality)은 사도 바울의 신학에 꼭 있어야 한다.[48]

앞에서 인용한 플레브닉의 마지막 문장도 아주 비슷하게 들린다. "따라서 중심은 그리스도의 또는 그리스도를 통한 하나님의 행위의 어느 한 측면이 아니고 그리스도의 전체적이고 나뉘지 않은 부요와 신비이며 아들을 통하여 구원하는 아버지의 목적이다."[49] 그럼에도 불구하고 중요한 차이가 있다. 플레브닉이 베커에게 가한 비판의 첫 번째 요소는 던에게도 해당된다. 플레브닉의 입장에서는, 하나님과 그리스도의 부자의 관계는 선재하는 창조와 구원의 매개자로서의 그의 역할과 "하나님의 형상"(빌 2:6)인 그의 존재를 고려해야 한다.[50] 던은 그리스도의 선재를 매우 제한된 의미로만 언급하고, "하나님의 형상"인 그리스도의 존재를 최소화하는 방식으로 해석한다.[51]

내가 보기에는 플레브닉의 묘사는 피츠마이어의 기독론 중심적 구원론의 범주에 상당히 근접해 있다. 피츠마이어의 제안을 논의하면서, 플레브닉은 그의 제안이 적절한지는 "기독론적 구원론"이라는

---

48) *Ibid.*, p. 729.
49) Plevnik, "Center," pp. 477-78.
50) *Ibid.*, pp. 473-74.
51) 예를 들어 *Theology*, pp. 266-93을 보라.

일반적인 구절에 어떤 내용을 담느냐에 달려 있다고 지적한다. 그는 그것이 하나님을 첫 번째 행위자(principal agent)로 포함하는지 그리고 그리스도에게 하나님의 아들이라는 충분한 정체성을 주는지를 묻는다.[52] 나는 감히 비록 피츠마이어가 이 개념을 사용하는 모든 경우에 이 제안의 의미를 특별히 확장하지는 않았더라도 우리는 수년 간에 걸쳐서 바울을 다룬 그의 저작에서 아주 풍부한 기독론 중심적 구원론을 이끌어내는데 실패하지 않을 것이라고 제안한다. 그의 근래의 로마서 주석서(1993)에 나오는 이 주제에 대한 논의를 읽어보면, 의심의 여지가 없는 것 같다. 그는 서두에서 "바울은 존재론적 기독론으로는 우리에게 주는 것이 거의 없다. 그는 기독론의 기능적인 측면에 즉 예수 그리스도가 인류를 위해서 무엇을 했는지에 관심을 갖는다. 그렇기 때문에 바울의 가르침은 기독론 중심적 구원론으로 가장 잘 표현된다"고 밝힌다.[53] 그럼에도 불구하고 피츠마이어의 논의에는 아버지와 예수님의 부자 관계에 대한, 예수님에게 *Kyrios*(주) 칭호를 사용하는 중요성에 대한 ("그렇게 *Kyrios*를 사용함으로써 바울은 초기 교회와 함께 부활한 예수님은 구약성서의 야웨와 동등하다고 인정했다..."),[54] 예수님의 선재에 대한, 로마서 9:5에서 바울이 *theos*(하나님) 칭호를 그리스도에게 사용하는 것에 대한, 로마서가 바울의 복음을 하나님의 그리스도 중심적인 능력으로 규정하는 것에 대한 분명한 인식이 포함되어 있다.[55]

만약 마틴이 하나님은 그리스도 안에서(in Christ) 세상을 당신과 화해시키셨다(고후 5:19)는 진술의 형태를 취하는 그의 제안을 약간

---

52) Plevnik, "Center," p. 476.
53) Fitzmyer, *Romans*, p. 111.
54) *Ibid.*, p. 112.
55) *Ibid.*, pp. 110-16.

만 수정한다면, 그것은 실제로 동등한 것으로 간주될 수 있을 것이다. 피츠마이어는 "화해"와 "구원"은 본질적으로 동일한 주제에 대한 서로 다른 관점들이라고 즉 그리스도 사건의 효과라고 지적했다. 그것은 또한 칭의, 속죄, 구원, 자유, 새로운 창조, 성화, 영화, 용서의 이미지로 표현되기도 한다.[56] 던의 언어를 빌리자면, 이것들은 동일한 실재를 표현하는 서로 다른 은유들이다. 이 용어 중의 어느 하나를 사용할 때에 겪는 어려움은, 비록 그들은 다소간 공동의 의미를 갖고 있지만 반드시 공동의 영역을 갖고 있는 것은 아니라는 것이다. 예를 들면, 고린도후서 5:21에 나오는 죄와 의에 대한 연구에서 독일 주석가 비링어(Reimund Bieringer)는 이 구절에서 "의롭게 되었다"는 "화해되었다"와 병행 표현이라고 결론지었다. 이 특별한 경우에는 5:20에서 명령법을 사용하려는 바울의 바람 때문에 "화해" 용어가 필요하다.[57] 그러나 이 둘 중의 어느 하나가 어디서든지 "구원"의 실제적인 동의어로 사용될 수 있는지 여부는 다소 문제가 된다. 관련 구절인 로마서 5:9-10에서는 화해와 칭의가 동의어적으로 사용되는 것으로 보인다. 이 둘은 다 현재적 실재를 다루지만, 구원은 분명히 미래적 용어로 표현된다. 구원론(soteriology)이 그리스도가 우리를 위해서 무엇을 하는지에 관한 전체 복합물을 표현하는 더 나은 우산 용어(umbrella term)인 것 같다. 왜냐하면 이것은 종말론적 성취로 인도하는 현재의 경험을 포함하기 때문이다.

"예수 그리스도 내 주"라는 빌립보서 3:9의 내 인용은 바울 신학의 기독론적 차원과 구원론적 차원을 전달하는 또 하나의 방식이고,

---

56) *Ibid.*, pp. 116-24.
57) Reimund Bieringer, "Sünder und Gerechtigkeit" R. Bieringer and J. Lambrecht, *Studies on 2 Corinthians*, BETL 112 (Leuven: Peeters/University Press, 1994), pp. 462-510, p. 510.

또 이것은 바울의 편에서는 예수님의 주권의 개인적인 전유(appropriation)를 자아낸다. 내가 이전에 표현했듯이,

> 사람을 의와 구원으로 인도하는 것인(롬 10:9-10) 그리스도를 믿는 것과 그를 주로 고백하는 것은 그리스도는 죽은 자에게서 살아났고 그의 순종으로 우리를 위한 의와 구원을 획득했다는 것을 믿는 것 이상이다. 그것은 바로 그의 하나님과의 유일한 관계 때문에 그의 순종이 이 구원의 성격을 갖는다고 인정하는 것이기도 하다. 이렇게 그리스도의 순종은 아브라함의 순종 또는 다른 어떤 성인의 순종과는 완전히 다른 범주에 속한다.[58]

바울에게 있어서는, 궁극적으로 그리스도가 우리를 위해서 하는 일은 오직 그가 "모든 하나님의 약속이 그의 안에서 '예'가 되는"(고후 1:20) 존재이기 때문에 가능하다.

---

58) Koperski, "*Pistis Christou*," pp. 215-26.

What are they saying about Paul and the Law?

맺음말

내가 출판을 위해서 이 원고를 준비하고 있을 때, 로마가톨릭교회와 루터교세계연합의 대표자들은 1998년의 "칭의 교리에 대한 공동선언"에서 해결되지 않은 차이점을 명백히 하려는 공동선언문에 서명하려고 1999년 10월 30-31일 주말에 독일의 아우크스부르크에 만날 계획을 세우고 있었다. 이 행사를 위해서 남동 미시간 대회의 루터교 감독 림보(Robert A. Rimbo)가[1] 쓴 다음의 감사기도가 이 책의 논의를 마무리하는 적합한 방식일 것 같다.

감사합니다, 은혜의 하나님

은혜의 하나님, 교회의 주님,
우리에게 주신 모든 선물로 인해 감사를 드립니다.

---

1) The Liturgical Conference의 하락을 받아서 사용한다.

당신의 사랑을 증거하는
이 시대와 모든 시대의 당신의 종으로 인해
감사를 드립니다, 은혜의 하나님.
언젠가는 당신의 교회의 서글픈 분열이 멈출 것이라는
소망을 계속 붙들고 있는 꿈 있는 지도자로 인해
감사를 드립니다, 은혜의 하나님.
우리로 가게 하시려는 그 길로 우리를 인도하는,
우리 대신에 이 역사적인 문서에 서명하는,
다양한 백성들 사이에서 공통의 이해를 축하하는 사람으로 인해
감사를 드립니다, 은혜의 하나님.
모든 때에 모든 곳에서 당신의 교회를 새롭게 하는,
당신의 칭의의 복음의 중심성을 견지하는 사람으로 인해
감사를 드립니다, 은혜의 하나님.
장벽들이 다리들이 될
새로운 날에 대한 소망으로 인해
감사를 드립니다, 은혜의 하나님.
우리의 통일과 우리의 다양을 축하하라고
우리에게 주신 시간으로 인해
감사를 드립니다, 은혜의 하나님.
감사를 드립니다, 은혜의 하나님,
그리스도와 하나가 되는 세례를 통해서

당신은 우리를 당신의 백성으로 만드셨습니다.
우리 가운데서 그리고 우리를 통해서 계속 일하셔서,
당신의 한 교회가 당신의 창조적이고 구원하는 말씀을 온 세계에
증언하게 하시옵소서.
살아계셔서 당신 및 성령 하나님과 영원히 함께 통치하시는
우리 주 예수 그리스도를 통하여 간청합니다.
아멘.

- 로버트 A. 림보

참고도서

바울 율법 논쟁에 대한 개괄

Barclay, J. M. G. "Paul and the Law: Observations on Some Recent Debates." *Themelios* 12 (1986): 5-15.

Hafemann, S. J. "Paul and His Interpreters." *DicPaul*, pp. 666-79, pp. 671-74.

Moo, Douglas J. "Paul and the Law in the Last Ten Years." *SJT* 40 (1987): 287-307.

Schreiner, Thomas R. "'Works of Law' in Paul." *NovT* 33 (1991): 217-44, pp. 218-38.

Sloan, Robert B. "Paul and the Law: Why the Law Cannot Save." *NovT* 33 (1991): 35-60, 특히 pp. 34-45. 스노드그래스(Klyne Snodgrass)가 제안한 "세력권"(spheres of power)의 개념을 사용해서 바울의 율법 이해의 일관성을 보여주려고 하는 중요한 논문이다.

Soards, Marion L. "The Righteousness of God in the Writings of the Apostle Paul." *BTB* 15 (1985): 104-9. 별로 전문적이지 않는 글이다.

Thielman, Frank. *From Plight to Solution: A Jewish Framework for Understanding Paul's View of the Law in Galatians and Romans*. NovTSup 61. Leiden/New York/Copenhagen/Cologne: E. J. Brill, 1989, pp. 1-27. 바울은 해결책에서 문제의 방향으로 나아간다는 샌더스(E. P. Sanders)의 주장에 반대하는 중요한 연구이다.

_____. "Law," DicPaul, 529-42, pp. 529-32. 그가 1994년에 출판한 〈*Paul and the Law: A Contextual Approach*〉에서 발전시킨 아

이디어들의 압축판이다.

Tomson, Peter J. *Paul and the Jewish Law: Halakha in the Letters of the Apostle to the Gentiles*, CRINT 3/1. Assen/Maastricht: Van Gorcum, Minneapolis, Minn.: Fortress, 1990, pp. 5-19. 바울에게 율법 논쟁은 중심적인 이슈가 아니었다고 주장한다. 학문적이지만 읽을 만한 책이다.

"그리스도인 유대인"인 바울에 대한 개괄

Borgen, Peder. *Philo, John and Paul: New Perspectives on Judaism and Early Christianity*. BJS 131. Atlanta: Scholars, 1987, pp. 233-54.

Riches, John. *Jesus and the Transformation of Judaism*. New York: Seabury, 1982, pp. 112-44.

Thielman, Frank. *From Plight to Solution*, p. 26.

바울 신학의 중심에 대한 논의

Deidun, T. "Some Recent Attempts at Explaining Paul's Theology." *Way* 26 (1986): 230-42.

Howell, Don N., Jr. "The Center of Pauline Theology." *BSac* 151 (1994): 50-70.

Martin, Ralph P. "Center of Paul's Theology." *DicPaul*, pp. 92-95.

Plevnik, Joseph. "The Center of Pauline Theology." *CBQ* 51 (1989): 461-78.

바울과 율법에 대한 연구

Badenas, Robert. *Christ the End of the Law: Romans 10:4 in*

Pauline Perspective. JSNTSup 10. Sheffield: JSOT, 1985. 여기에서 "끝"은 "목표"을 의미한다고 주장한다.

Barclay, J. M. G. "'Do we Undermine the Law?' A Study of Romans 14.1-15.6." in Dunn, ed. *Paul and the Mosaic Law*, pp. 287-308. 바클레이에 의하면, 바울은 자기는 율법을 견지한다는 주장을 제한된 의미에서는 지키더라도, 그리스도인들에게는 율법의 주요한 측면들이 불필요하다고 본다. 이런 그의 신학은 율법을 좇아서 살려는 사람들의 상태를 위협한다.

Boers, Hendrikus. *The Justification of the Gentiles. Paul's Letters to the Galatians and Romans*. Peabody, Mass.: Hendrickson, 1994. 보어스는 본문-언어학, 구조주의, 의미론을 사용해서 로마서와 갈라디아서에서 바울의 기본 관심은 율법 행위를 통한 의(구원을 할례자에게 한정시킨다)와 믿음으로 인한 의(구원을 모든 사람에게 개방한다)의 대립이라고 주장한다. 보어스는 바울의 율법 이해는 일관적이라는 샌더스의 견해에 동의하면서도, 바울은 당시의 유대교를 철저하게 오해했다고 주장한다.

Brauch, Manfred T. "Perspectives on 'God's righteousness' in recent German discussion." in Sanders, *Paul and Palestinian Judaism*, pp. 523-42. 1977년 이전의 논의를 개괄하는 좋은 논문이다.

Buckel, John. *Free to Love: Paul's Defense of Christian Liberty in Galatians*. LTPM 15. Louvain/Grand Rapids, Mich.: Peeters/Eerdmans, 1993. 129. 버클은 샌더스의 입장을 수용하고, 왓슨(Francis Watson)에 반대하여 좀 더 신학적인 접근을 모색한다. 다소간 비전문적인 수준의 글이어서 비전문적인 독자가 훨씬 쉽게 접근할 수 있다.

Bultmann, Rudolf. "DIKAIOSYNE THEOU." *JBL* 83 (1964): 12-16. 원래 1948년에 발표된 "하나님의 의"에 대한 고전적인 루터적 입장을 재 진술한 것이다.

Donfried, K. P., ed. *The Romans Debate: Revised and Expanded*

Edition. Peabody, Mass.: Hendrickson, 1991. 이 책에 실린 몇몇 에세이는 율법의 주제와 관련이 있다. 또한 근래에 나온 중요한 로마서 및 갈라디아서 주석서들은 많은 자료들과 참고도서목록을 제공해줄 것이다.

Dunn, James D. G. "The New Perspective on Paul." *BJRL* 65 (1983): 94-112. 던은 샌더스의 입장을 따른다. 던은 그를 "새로운 관점"의 주요 매개자로 환호한다. 하지만 바울의 율법 이해의 비일관성을 수용하는 샌더스의 견해는 비판한다. 던은 바울에게 문제가 되는 "율법 행위"는 할례와 음식 규정 같은 정체성 표지를 가리킨다고 주장한다.

_____. "Works of the Law and the Curse of the Law (Galatians 3:10-14)." *NTS* 31 (1985): 523-42. 바울을 비일관적으로 보는 레이제넨을 비판하고, 바울이 직면하고 있는 상황의 복잡성을 고려해야 한다고 주장한다. 던에 의하면, 갈라디아서에서 바울은 율법에 대한 잘못된 태도를 반박하고 있다.

_____. ed. *Paul and the Mosaic Law*. WUNT 89. Tübingen: Mohr, 1996. 1994년 9월에 더햄에서 열린 초기 기독교와 유대교에 대한 제3차 더햄-튀빙엔 연구 심포지움의 결과물이다. 던의 개회 논문과 폐회 논문("In Search of Commen Ground)을 비롯하여 Hermann Lichtenberger, Martin Hengel, Jan Lambrecht, Bruce Longenecker, Graham Stanton, Karl Kertelge, N. T. Wright, Richard B. Hays, Otfried Hofius, Hans Hübner, Stephen Westerholm, Heikki Räisänen, Peter J. Tomson, Stephen C. Barton, John M. G. Barclay의 논문이 들어있다. 몇몇 논문들은 이 책에 있는 다른 논문들에 대한 반응이다. 읽기가 좀 어렵지만 학자들의 성향을 맛볼 수 있는 기회를 제공해준다.

_____. *The Theology of Paul the Apostle*. Grand Rapids, Mich./Cambridge, U. K.: Eerdmans, 1998, pp. 128-61 and 334-89. 율법과 이신칭의에 관한 단락들에는 던의 견해가, 다른 학자

들의 비판에 대한 반응과 함께, 요약되어 있다.

Fitzmyer, Joseph A. "Pauline Theology." *NJBC*, Raymond E. Brown, Joseph A. Fitzmyer, and Roland E. Murphy, eds. (Englewood Cliffs, N. J.: Prentice-Hall, 1990), pp. 1382-1416. 또 *NJBC*에 들어있는 그의 로마서 주석과 *Romans: A New Translation with Introduction and Commentary*. AB 33. Doubleday: New York/London/Toronto/Sydney/Auckland, 1993도 보라.

Hooker, Morna D. "Paul and 'covenantal nomism.'" in *Paul and Paulinism: Essays in Honor of C. K. Barrett*, Morna D. Hooker and S. G. Wilson, eds. London: SPCK, 1982, pp. 47-56 (Hooker, *From Adam to Christ*, Cambridge, U. K./New York: Cambridge University, 1990, pp. 155-64에 재인쇄 되었다). 샌더스의 〈*Paul and Palestinian Judaism*〉에 대한 균형 잡힌 비판이다.

Howard, George. "Christ the End of the Law." *JBL* 88 (1969): 331-37 and "Romans 3:21-31 and the Inclusion of the Gentiles." *HTR* 63 (1970): 23-33. 나중에 던에 의해서 널리 알려진 입장 즉 바울에게 있어서 율법의 문제는 율법이 유대인들과 이방인들을 갈라놓는 것이라는 입장의 초기 버전이다.

Hübner, Hans. *Law in Paul's Thought*, James Greig, trans. Edinburgh: T. & T. Clark, 1984. 원본은 *Das Gesetz bei Paulus*. Göttingen: Vandenhoeck & Ruprecht, 1978이다. 갈라디아서의 율법 이해와 로마서의 율법 이해를 구분한다.

Käsemann, Ernst. "The Righteousness of God in Paul." *New Testament Questions of Today*. New Testament Library. London: SCM, 1969, pp. 168-82. 원본은 *Exegetische Versuche und Besinnungen*. Göttingen: Vandenhoeck & Ruprecht, 21965, pp. 181-93이다. 영역본에는 1964년에 *JBL*에 실린 불트만의 논문에 대한 반응도 들어있다.

Klein, Günter. "Righteousness in the New Testament." *IDBSup*, pp. 750-52. 1976년까지 이루어진 의에 대한 논의의 역사를 다룬다.

Koperski, Veronica. "The Meaning of DIKAIOSYNE in Philippians 3:9." *The Ministry of the Word: Essays in Honor of Prof. Dr. Raymond F. Collins*, Joseph A. Selling, ed., LS 20 (1995): 147-69, pp. 154-68. 바울의 의와 율법을 논할 때에 종종 언급되던, 하지만 이때까지는 상세하게 연구되지 않았던 이 구절에 대한 자세한 논의이다.

Lambrecht, Jan and Richard W. Thompson. *Justification by Faith: The Implications of Romans 3:27-31*. Zacchaeus Studies: New Testament. Wilmington, Del.: Michael Glazier, 1989. 이들은, 던과는 달리, 바울은 제의적 측면들을 포함하여 전체 율법을 붙드는 데에 관심이 있었고, 그런 제의적 측면들을 재해석함으로써 실제로 율법을 붙들었다고 주장한다.

Lambrecht, Jan. "Curse and Blessing: A Study of Galatians 3:10-14." *Pauline Studies*, BETL 115. Leuven: Peerters, 1994, pp. 271-98. 1991년에 *Collationes*에 플란더즈어로 실린 논문을 번역한 것이다. 바울과 율법의 이슈를 다루는 다양한, 때로는 서로 경쟁하는 접근들이 갖고 있는 요소들은 결합한다.

Matera, Frank J. *Galatians*. Sacra Pagina 9. Collegeville, Minn.: Liturgical Press, 1992. 율법에 대한 논의 안에서 갈라디아서의 신학적인 가치와 당대의 의의를 보여주려고 노력한다.

Olley, John W. *"Righteousness" in the Septuagint of Isaiah: A Contextual Study*. SBLSCS 8. Missoula, Mont.: Scholars, 1979. 신약성서의 논의를 배경화려고 할 때에 도움이 되는 구약 배경을 제공한다.

Räisänen, Heikki. *Paul and the Law*. WUNT 29. Tübingen: J. C. B. Mohr, 1983. 샌더스 라인에서 중요한 작품이다. 하지만 바울을 구제불능으로 비일관적인 것으로 묘사하는 것 때문에 비판을 받는다.

_____. "Paul's Conversion and the Development of His View of the Law." *NTS* 33 (1987): 404-19. 바울의 율법 이해는 논쟁의 결과로 점진적으로 변했다고 주장함으로써 바울의 비일관적인 모습을 다소간 변호하려고 시도한다.

Reumann, John. *"Righteousness" in the New Testament: "Justification" in the United States Lutheran-Roman Catholic Dialogue*. Philadelphia, Pa./New York: Fortress/Paulist, 1982. 상반되는 관점들을 평가해 보려는 시도이다. Joseph A. Fitzmyer와 Jerome D. Quinn의 반응도 실려 있다.

Ropes, James Hardy. "'Righteousness' and 'The Righteousness of God' in the Old Testament and in St. Paul." *JBL* 22 (1903): 211-27. 롭스는 당시의 독일의 논의에 친숙함을 보여주며, 이 이슈를 다루는 참고도서목록과 관련 자료들을 제공한다.

Sanders, E. P. *Paul and Palestinian Judaism: A Comparison of Patterns of Religion*. London/Philadelphia, Pa.: SCM/Fortress, 1977. 고대 유대교를 행위의 종교로 보는 루터적인 견해에 이의를 제기하는 첫 작품은 아니지만, 이 책은 학계가 대안적인 해석에 좀 더 열려졌을 때 출간되었고 바울에 대한 "새로운 관점"을 형성하는 데에 영향을 주었다.

_____. *Paul, the Law and the Jewish People*. Philadelphia, Pa./London: Fortress/SCM, 1983/1985. *Paul and Palestinian Judaism*의 견해를 더 발전시킨다.

Sandnes, K. O. "'Justification by Faith'-An Outdated Doctrine? The 'New Perspective' on Paul-A Presentation and Appraisal." *Theology & Life* (Hong Kong) 17-19 (1996): 127-46. 이신칭의를 기독교 신학의 핵심으로 강조하는 루터적 견해를 근래에 재진술한 것이다. 때로 개인의 구원에 지나치게 강하게 초점을 맞춘다는 견해에도 다소간 열린 태도를 취한다.

Silva, Moisés. *Explorations in Exegetical Method: Galatians as a*

        Test Case. Grand Rapids, Mich.: Baker, 1996. 갈라디아서의 율법에 대한 실바의 견해는 각 해석가는 석의에 영향을 미치는 관점을 갖고 본문에 다가온다는 것을 인식하는 방법론적 연구에 잘 드러난다.
Snodgrass, Klyne. "Spheres of Influence: A Possible Solution to the Problem of Paul and the Law." *JSNT* 32 (1988): 93-113. Stanley E. Porter and Craig A. Evans, eds., *The Pauline Writings*, The Biblical Semiar 34, Sheffield: Sheffield Academic Press, 1995에 재인쇄되었다. 많은 학자들이 독립적으로 인식한 개념을 좀 더 상세하게 규정한 영향력 있는 논문이다. 스노드그래스에 의하면, 율법에 대한 바울의 분명하게 비일관적인 진술들에 대한 논의에서 우리는 바울의 율법 이해에 결정적인 요소는 율법이 위치해 있는 영역이라는 것을 인식해야 한다. 율법이 제대로 사용되는 것은 그리스도의 영역 안에서이다. 그런데 율법은 죄에게 "접수되어서" 죄에게 이용당할 수도 있다.
Soards, Marion L. "Käsemann's 'Righteousness' Reexamined." *CBQ* 47 (1987): 264-67. 기독교 이전의 본문들에 나오는 "의"의 사용에 근거를 둔 케제만의 해석에 동의하지 않는다.
Thielman, Frank. *Paul and the Law: A Contextual Approach*. Downers Grove, Ill.: InterVarsity, 1994. 이 책은 유대교의 배경에서 바울의 율법 이해, 편지들의 상황들, 각 편지의 언어와 논지를 검토하고 나서, 율법에 대한 바울의 입장은 모세 율법은 하나님의 권위있는 말씀이라는, 하지만 성령에 의해서 예측하기 어려운 방식들로 해석되어 온 말씀이라는 그의 확신이 복잡하게 발전한 것이라는 결론을 내린다.
Watson, Francis. *Paul, Judaism and the Gentiles: A Sociological Approach*. SNTSMS 56. Cambridge/London/New York/Melbourne: Cambridge University, 1986. 비록 왓슨의 사회학적 접근이 흥미로운 관점을 제시하기는 하지만, 바울의 신학적인 배경에 대한 그의 관심의 부족은 많은 비판을 받았다.

Westerholm, Stephen. *Israel's Law and the Church's Faith: Paul and His Recent Interpreters.* Grand Rapids, Mich.: Eerdmans, 1988. 샌더스의 몇몇 생각들에 열려있기는 하지만, 이 책은 기본적으로 루터적 입장을 변호한다.

Winger, Michael. *By What Law? The Meaning of Nomos in the Letters of Paul.* SBLDS 128. Atlanta, Ga.: Scholars, 1992. 구문론적 의미론을 사용해서 *nomos*의 의미를 결정하려고 한다. 하지만 윙어는 사회학적 측면들을 지나치게 강조한 나머지 신학적인 차원을 소홀히 한다는 비판을 받았다.

Wright, N. T. The *Climax of the Covenant: Christ and the law in Pauline Theology.* Minneapolis, Minn.: Fortress, 1992. 그리스도에게로 인도하는 율법의 긍정적인 의미를 옹호한다.

Ziesler, J. A. *The Meaning of Righteousness in Paul: A Linguistic and Theological Enquiry.* Cambridge, U. K.: University Press, 1972. 중요한 언어학적 연구이다. 이때의 지슬러는 아직도 전통적인 루터적 해석에 기울어져 있었다.

_____. *Paul's Letter to the Romans.* TPI New Testament Commentaries. London/Philadelphia, Pa.: SCM/Trinity Press International, 1989와 "Justification by Faith." *Theology* 94 (1991): 188-94. 이 두 작품은 지슬러의 관점이 샌더스와의 대화의 결과로 바뀌었음을 보여준다.

최근 바울과 율법 연구 동향

What are they saying about Paul and the Law?

2009년 1월 10일 초판 발행

지은이 | 베로니카 코페르스키
옮긴이 | 김 병 모

펴낸곳 | 사) 기독교문서선교회
등록 | 제16~25호(1980. 1. 18)
주소 | 서울시 서초구 방배동 983-2
전화 | 02) 586-8761~3(본사) 031) 923-8762~3(영업부)
팩스 | 02) 523-0131(본사) 031) 923-8761(영업부)
홈페이지 | www.clcbook.com
이메일 | clckor@gmail.com
온라인 | 기업은행 073-000308-04-020, 국민은행 043-01-0379-646
  예금주: 사)기독교문서선교회

ISBN 978-89-341-1021-7(93230)

* 낙장 · 파본은 교환해 드립니다.